黑龙江省高等教育教学改革项目（项目编号：SJGY20210857）

福建省本科高校教育教学改革研究项目（项目编号：FBJ20200106）

新媒体概论

主编 施　华 姚　丽

编者 施　华 姚　丽 赵　艳 赵玉志

西安交通大学出版社
XI'AN JIAOTONG UNIVERSITY PRESS
国家一级出版社
全国百佳图书出版单位

图书在版编目(CIP)数据

新媒体概论 / 施华,姚丽主编. —西安 :西安交通大学出版社,2021.11
ISBN 978-7-5693-2027-5

Ⅰ. ①新… Ⅱ. ①施… ②姚… Ⅲ. ①传播媒介—概论—教材 Ⅳ. ①G206.2

中国版本图书馆 CIP 数据核字(2021)第 219622 号

新媒体概论

XIN MEITI GAILUN

主　　编 施 华 姚 丽
责任编辑 侯君英
责任校对 李 蕊

出版发行 西安交通大学出版社
(西安市兴庆南路1号 邮政编码 710048)
网　　址 http://www.xjtupress.com
电　　话 (029)82668357 82667874(市场营销中心)
(029)82668315(总编办)
传　　真 (029)82668280
印　　刷 西安五星印刷有限公司

开　　本 700mm×1000mm 1/16 **印张** 10.375 **字数** 239千字
版次印次 2021年11月第1版 2023年2月第1次印刷
书　　号 ISBN 978-7-5693-2027-5
定　　价 69.00元

前　言

随着5G在2020年商用,以及大数据、人工智能、云计算、区块链、人机交互等网络技术的飞速发展,新媒体技术引领人类进入智媒时代。新媒体越来越广泛地融入人类社会生活,从"互联网+"到"+互联网",从"万物互联"到"万物智能",电商、VR(Virtual Reality,虚拟现实)、AR(Augmented Reality,增强现实)等重塑了新的媒介生态和传播格局,将传媒行业带入了一个崭新的时代,也给人类政治、经济、文化和社会生活带来了不可估量的影响,推动人类文明不断向更高层次迈进。基于这样的时代背景,我们编写了《新媒体概论》这本书。

本书以新媒体信息传播平台为视角,系统全面地介绍了新媒体的应用与发展,在框架设计、理论知识阐述、材料运用等方面具有鲜明的时代特色,在注重学术创新的同时,注重理论的普适性。

本书由佳木斯大学施华、姚丽、赵五志及武夷学院赵艳参编。施华负责体系建构、大纲设计,并编写第一、二、五章;姚丽编写第四章第三、四、五、七、八节;赵艳编写第三章、第四章第六节;赵玉志编写第四章第一、二节。

本书在编写的过程中,笔者参考了许多同类书籍和相关资料,在此谨向这些书籍和资料的作者致以诚挚的谢意。本书的研究工作得到了"黑龙江省高等教育教学改革项目(项目编号:SJGY20210857)"和"福建省本科高校教育教学改革研究项目(项目编号:FBJ20200106)"的支持,特此致谢!

由于时间仓促和作者水平有限,书中难免存在不足之处,敬请各位同行和读者批评指正。

编者

2021年1月

目　录

第一章　新媒体概说

目前，当我们在百度搜索“新媒体”一词时，大约可获得1亿条搜索结果。在中国知网以“新媒体”作为主题进行检索，可得到22万多条检索结果。这些数据说明新媒体是一个不断变化的概念，更是一个不断成长与发展的观念。新媒体自诞生以来，就以惊人的发展速度及规模对报纸、广播、电视等传统媒体形成了严峻的挑战，并迅速渗透到社会的政治、经济、思想和文化等诸多领域，不仅改变了社会传播的形态，也改变着人们的生活方式和思维方式。

第一节　新媒体的概念

“新媒体”一词最早是由美国哥伦比亚广播电视网技术研究所所长戈尔德马克在1967年的一份关于开发电子录像的报告中提出的。在这份开发电子录像的商品计划书中，戈尔德马克将电子录像称为新媒体(new media)，“新媒体”一词便由此诞生。1969年，“新媒体”一词开始在美国流行，不久便扩展到全世界。20世纪80年代，伴随着计算机技术的发展，“新媒体”一词被引入中国，并开始广泛使用。

什么是新媒体？怎样定义新媒体？学界到目前为止并没有一个统一的说法。英国学者理查德·豪厄尔斯说：“最可怕的事情莫过于静候作者对新媒体的论述。”他认为：“首先，这是一个极具变化的领域，即使是最时兴的研究，到它成熟时就可能已经过时了。其次，这是一个全新的领域，所以已经树立起来的重要文本和经典文本还很少。”因此，关于新媒体概念的界定便呈现出“百家争鸣”的态势。联合国教科文组织定义新媒体是“所有人对所有人的传播”；华纳兄弟总裁施瓦茨威格认为“新媒体就是非线性播出的媒体”；美国新媒体研究专家媒体分析师凡·克劳恩贝将新媒体定义为“能对大众同时提供个性化内容的媒体，是传播者和接收者融会成对等的交流者，而无数的交流者相互间可以同时进行个性化交流的媒体”；中国传媒大学黄升民教授认为“构成新媒体的基本要素是基于网络和数字技术所构筑的三个无限：需求无限、传输无限和生产无限，由此形成的利润链促使传媒产业进入完全竞争的状态”；中国人民大学匡文波教授认为“新媒体”是一个相对概念，其内涵会随着传媒技术的发展而有所发展；清华大学彭兰教授将新媒体定义为“新媒体主要指基于数字技术、网络技术及其他现代信息技术或通信（基于万维网等应用方式）和移动互联网，以及其他具有互动性的数字媒体形式等”。由此可见，给“新媒体”下定义是个非常复杂的系统工程，需要从多视角、多领域进行考量，还要紧跟新媒体的发展步伐。

综合各家学说，新媒体是相对于传统媒体而言的，是报刊、广播、电视等传统媒体发展的新的媒体形态，是利用数字技术、网络技术、移动技术，通过互联网、无线通信网、卫星等渠道及电脑、手机、数字电视等终端，向用户提供信息和娱乐服务的传播形态和媒体形态。新媒体的“新”主要体现在六个方面：新型浏览模式、新型计算模式（云计算）、新型数据处理模式（大数据）、新型应用模式、新型网络（万维网）和新型终端。

第二节　新媒体的特征

作为一种全新的传播媒介形态，新媒体有着区别于传统媒体的独特属性。

一、新媒体特征的“百家之言”

通过对“新”“旧”媒体比较来概括新媒体的特征，并不少见。新媒体与传统媒体的最大区别在于传播形态的改变：由一点对多点变成多点对多点。从传播学的角度来分析，新媒体传播有四个特点：第一，每个人都可以进行大众传播；第二，“信息”与“意义”无关（所有的文本、声音和影像都只是 0 和 1 的组合）；第三，受众的主动性大大增强；第四，大众传播的“小众化”。

有学者从新媒体的传播方式入手，将新媒体特征概括为四个方面：①迎合人们休息娱乐时间碎片化的要求；②满足随时随地的互动性表达、娱乐与信息需要；③人们使用新媒体的目的性与选择的主动性更强；④媒体使用与内容选择更具个性化，导致市场细分更加具体。

有研究者从传播成本的角度出发，提出“新媒体近乎零费用信息发布，对用户多为免费，这对传统媒体的新闻产品制作成本造成挑战”。这个特征在突发事件的报道上尤为明显，以微博、短视频、直播等为代表的新媒体正逐渐占据传播优势。还有学者从新媒体和传统媒体的变迁趋势出发，将新媒体的特征归纳为：传播优势弥补劣势，分众定制及互动及时。首先，传统媒体的信息虽然具有一定的质量优势和权威性，但线性传播方式显然已经无法满足当代用户的需求；相比之下，新媒体所特有的信息自我繁殖与扩散能力，在相当程度上弥补了其内容上的不足。其次，所谓分众定制，是指新媒体可以按照用户兴趣或信息需求提供个性化服务；传统媒体的信息扩散方式遵循一定的规律，将统一制作的信息传播给用户；进入信息时代后，人们对信息的需求及获取方式有了改变，用户逐渐呈现细分趋势，分众定制则能很好地迎合这一趋势。最后，在提高用户黏度和忠诚度方面，新媒体相对于传统媒体而言，具有绝对的优势，传统媒体也正在逐步提高信息传播的互动性和及时性。

新媒体专家魏武挥根据新媒体的发展现状，将新媒体的特征总结为以下几点：①偶发——与传统媒体不同，新媒体的内容发布没有规律；②碎片——新媒体传播的内容都是零碎地堆砌在一起，而不是有效地整合，"碎片化"是新媒体对传统媒体的一大颠覆；③个人化——很多新媒体（如QQ空间、微博等）都有很强烈的个人色彩，而个人化直接带来的是网络上的补充和补偿自我；④连续的议程设置——新媒体擅长连续式地进行议程设置，即"链式传播"，每一个节点的影响力虽然有限，但合起来的力量是巨大的；⑤互动性——新媒体在同一媒体内形成互动之外，实现跨媒体的互动也同样重要。

美国加利福尼亚大学的列夫·曼诺维奇教授从数字技术层面列出了新媒体的五个特征：①以数字的方式展示，即媒体变成了可编程的媒介；②模块化，新媒体在表现层不能用的情况下，还可以被独立运用；③自动化，数字编码和模块允许自动化地制作、操纵和访问媒体；④可变性，允许读者选择性地组合要观看的内容；⑤转编码型，文化的电脑化逐渐使不同的文化类别进行转换和融合。

阳光文化集团首席执行官吴征认为："相对于旧媒体，新媒体的第一个特点是它的消解力量——消解传统媒体（电视、广播、报纸）之间的边界，消解国家之间、社群之间、产业之间的边界，消解信息发送者与接收者之间的边界，等等。"

二、新媒体的主要特征

尽管表述的方式和角度不同，但以上提到的这些特征在新媒体的实际应用中都有所体现。因此，集百家之言，本书将新媒体的主要特征概括如下。

1.交互性与即时性

（1）交互性。交互即交流互动，是新媒体区别于传统媒体的重要特征之一。传统媒体是"点对面"的单向线性传播方式，新媒体则提供了一种新型的人际沟通与信息交互的中介，实现了多向互动。如即时通信工具和各种社交平台等，用户不仅可以选择信息，还可以即时反馈信息，参与信息的发布与传播。用户之间也可以随时交流，进行互动评论。新媒体的这种交互性使得传者和受者的角色可以随时转换，用户的主导性和自主性得到了空前的增强。

交互性还体现在消费者越来越多地通过人工智能助手与人工智能技术进行互动。智能助手不仅通过对话式人工智能提升了远距离的人机交互能力，更逐渐集合视觉、传感等多种识别方式进一步丰富交互体验，这也是推动智能家居市场向前发展的重要原因。如 2021 年 1 月 28 日，《IDC 中国智能音箱设备市场月度销量跟踪报告》数据显示，2020 年度，中国带屏智能音箱占比达到了 35.5%，销售同比增长31.0%。与此同时，2020 年度中国智能音箱仍然保持着天猫、百度及小米智能音箱“三强争霸”局面，而且这三家厂商抢占了 2020 年度中国智能音箱市场 95%以上的市场份额，寡头优势很是明显。这三家智能音箱的唤醒语分别是“天猫精灵”“小度小度”和“小爱同学”。根据 IDC 预测，到 2021 年，中国智能音箱市场将保持稳定增长的局面，市场销量将超过 4200 万台，同比增长 14%。

(2)即时性。传统媒体的传播受到出版周期和播出周期的限制，版面、时长也都有严格的要求和规定。技术的发展使得新媒体打破了这种局限性，网民通过手机、电脑或者其他智能终端能够及时接收信息，也可以第一时间发布所见所闻，实现全球实时传播。这一优势是任何传统媒体都无法比拟的。

2019 年 2 月 12 日，中国信科传出喜讯：经光纤通信技术和网络国家重点实验室、国家信息光电子创新中心、烽火通信和光迅科技在武汉联合攻关，首次完成“1.06 Pb/s超大容量波分复用及空分复用的光传输系统”实验。该传输容量是目前商用单模光纤传输系统最大容量的 10 倍，传输130 TB数据仅需 1 秒，相当于 4000 多万首 MP3 歌曲，或 300 亿人同时双向通话。

2. 数字化

数字化是指将任何连续变化的输入，如图画的线条或声音信号转化为一串分离的单元，在计算机中用 0 和 1 表示，通常用模数转换器执行这个转换。数据化是将数字化的信息进行条理化，通过智能分析、多维分析、查询回溯，实现收集数据、整理数据、记录数据、分析数据一体化，为决策提供有力的数据支撑。数据化信息的基础是数字化。数字电视、手机、交通管制网、办公自动化系统、生产自动化系统、机器人、远程教育等在我们的日常生活中不断出现的数字化产品及设备正将我们紧紧包围，随着这类产品、设备和设施的不断完善和人性化进程，人类与数字技术逐渐融合。

新媒体的数字化特征主要表现为传播符号的同一化，数字、文字、图像、语音、视频，包括虚拟现实，以及可视世界的各种信息等，都可以用0和1来表示，这样数字化以后的0和1就是各种信息最基本、最简单的表示。新媒体借助数字技术把文字、图像、音频、视频等转换为数字形式进行信息交流，打破了传统平面媒体（文字、图像表达）、广播媒体（声音表达）和电视媒体（影像、声音表达）的固定表达模式，实现以多种方式呈现信息，也逐渐改变着人们的阅读习惯。借助数字技术，传统媒体在信息的生产和处理方式上，由模拟流程转向数字流程，媒体呈现方式由物理媒体转向数字媒体，存储方式由仓库储存转向高密数字存储，传输方式由交通传输转向数字网络传输。

数字技术还推动了媒介融合。《人民日报》将传统媒体与新媒体在技术、渠道、内容、互动方面进行融合发展，积极推进数字化转型，经历报纸网络化、报网融合、新媒体拓展、全媒体覆盖四个发展阶段，达到"一次策划、一次采集、多种生成、多元传播、全天滚动、全球覆盖"的业务水平，为我国传统报业的数字化转型提供了宝贵的经验。

3. 非线性传播

不同于传统媒体的线性传播，新媒体通过非线性的信息组织方式，将文本设计成模拟人类思维方式的文本，即在数据中包含与其他数据的链接。用户单击文本中一些特殊的关键词和图像，就能够打开另一个文本。另外，更加有利于传者与受者共同创造和分享信息的是用户不仅能从一个文本跳转到另一个文本，也可以激活一段声音，显示一个图形，或者播放一段视频等，从而满足用户对媒体开放性的需求。

4. 海量性与共享性

技术发展使得新媒体传播空间无限扩大，信息内容丰富多样，新媒体可以不限时、不限量地储存和传播信息，运行各种信息数据库。同时，互联网将全世界的计算机和计算机网络连接起来，形成一个巨大无比的数据库，而超链接技术又将这些互联网上的信息融会贯通，在无限扩大传播空间的同时，也为网络用户提供了海量的信息。以数字技术和网络技术为基础的新媒体改变了传统媒体的信息传播严格受控的限制：传播时间上的开放性实现了信息的即时传播；而传播空间上的开放性则促使了传播地域上的全球覆盖和信息的海量存储，是实现信息共享的坚实基础，真正实现麦克卢汉的"地球村"预言。

5. 个性化与社群化

新媒体的个性化体现在针对不同的用户推荐个性化信息。新媒体利用大数据技术和计算机算法收集人们获取信息的习惯和偏好，为用户推送感兴趣的信息。用户阅读的时间越长，系统对用户的了解越深，推荐的内容越精准、越个性化。但是这种个性化推送也有它的弊端。在千人千面的算法阅读下，尤其是用户的兴趣图谱被绘制得越来越精细，我们可以敏锐地捕捉到用户非常细小的兴趣需求。但如果不能在人的共性阅读和个性阅读、人的时间敏感度新闻和非时间敏感度信息之间，取得一个平衡的话，就会形成“信息茧房”，导致眼界单一、思想封闭。同时，相同或相近信息的大量推送，会造成用户接收同质化信息的负担。因此，只有把基于算法的内容和兴趣拓展、场景变化、同质化信息过滤结合起来推荐，才能真正实现个性化。

新媒体的“个性化”还体现在其细节设计中，如SNS网站、QQ空间、微博等社交网络媒体都为用户提供个性化的服务，从主页装饰、页面排版、好友管理到图片视频、背景音乐的分享等，用户可以根据自己的需求、爱好及接收信息的习惯、条件，决定信息以何种媒体形式出现，不管是有字无声、有声有像还是图文并茂，总有一款可以满足用户及其各种感官的需求。网络电视是以用户为中心，按用户需求进行信息自主选择的传播方式，是量身定制的媒体。例如，网络电视针对用户的不同群体和不同要求层面，分别实施特定的传播内容和服务方式，将最大限度地满足用户、吸引用户，这意味着用户权利的一种提升。网络电视通过独具特色的综合服务网来满足用户对新闻、经济、娱乐、教育、咨询、体育、旅游、购物等多元化、个性化的需求。在某种程度上，网络电视既是传播工具，又是服务平台，也是娱乐中心。网络电视为用户构建出简便、安全、快速、互动的服务平台，人们通过这个平台可以得到自己想要的服务。

互联网技术的发展使人们能够自由选择以何种方式、通过何种媒介来获取某种信息，或者根据自己的喜好在网络上与不同的人群讨论兴趣相投的话题，形成一个个网络群体。网络群体既是地方群体的网络化，也是社会群体实现的地方空间与网络空间的融合。

这样的网络群体在新媒体时代十分常见，比如BBS论坛、QQ群、微信朋友圈等。兴趣情感的圈际化、交流表达的小众化、圈内圈外的分离化决定了人们在网络上以“群居”活动为主，志趣相投的人在网络平台上更容易形成一个特定的群体，这就自动为小众化传播提供了用户。而新媒体就是通过个性化服务来抓住这些群体的特定需求，不断增强用户对媒体的黏度，从而实现针对性强的小众化传播，以取得良好的传播效果。

由此可见，新媒体的诞生和发展不仅是人类传播历史上的一次飞跃，而且它在传播理念、传播方式、传播内容及表达形式方面都为人们生活的社会带来了前所未有的影响。以网络为代表的新媒体不仅改变着人们生存的世界，也不断改变着人们的生活方式及思维习惯。

第三节　新媒体发展的驱动因素

按照中国传媒大学黄升民教授的观点，“构成新媒体的基本要素是基于网络和数字技术所构筑的三个无限：需求无限、传输无限和生产无限，由此形成的利润链促使传媒产业进入完全竞争的状态”。新媒体的发展离不开技术支持、社会需求和资金支持等基础条件，技术发展能够满足内容传输和生产的无限，市场需求能够满足人们需求的无限，资金支持能够保证新媒体持久的良性运营。另外，国家对新媒体的重视和支持也是新媒体发展的重要原因。

一、技术发展和社会需求

2020 年 7 月 23 日，在第十九届中国互联网大会上，中国互联网协会副理事长兼副秘书长何桂立发布了《中国互联网发展报告（2020）》（以下简称《报告》），《报告》主要记载了 2019 年中国互联网领域的重大发展。工信部最新数据显示，截至 2020 年 12 月，我国网民规模达 9.89 亿，手机网民规模达 9.86 亿，手机用户普及率达 113.9 部/百人。随着网络技术、数字技术和移动通信技术的发展，用户的增多，以往单纯的语音通信业务不能满足市场的需求，手机增值业务逐渐繁荣起来。随着平台技术的突破，手机短片业务的市场规模会迅速扩大，手机作为产品消费平台和付费平台，是未来信息和娱乐消费的个人终端，与网络平台进行对接成为完善的商业运营系统。目前，手机媒体模式发展已经比较成熟。中国信通院《2020 中国 5G 经济报告》中预计到 2025 年 5G 渗透率将达到 48%。手机用户迅猛增长的背后，是固定电话市场的大幅萎缩。根据工信部的数据，2020 年我国固定电话用户总数 1.82 亿户，普及率下降至 13 部/百人。

二、资金支持

随着国家政策的开放与经济发展的大力推动，新媒体领域吸引了更多的目光和资金。例如中国的数字娱乐平台——优酷网，拥有世界级的风险投资支持，是国内视频领域屈指可数的获得 1 亿元人民币以上投资的网站之一。投资方包括硅谷历史最悠久的风险投资公司——希尔风险投资公司，世界上最大投资基金之一的法拉龙资本管理公司，还有中国本土唯一的常青基金——成为基金。这些投资机构实力强劲，其共同特点是资金雄厚，具有远见卓识，为优酷网稳健、有序的长远发展战略提供了充足的“弹药”。

当然，新媒体在发展中也遇到不少的问题，正如中国社会科学院社会学研究所所长李培林所说：“新媒体作为一种正在引发人类社会革命性变化的全新事物，在发展过程中也催生了大量极具挑战性的新情况和新问题。”例如网络信息安全问题、新旧媒体的融合问题、网络舆论引导问题、互联网金融监管问题、网络谣言治理问题等，都已经上升为迫在眉睫、亟待解决的国家大事，对处于转型关键期的中国而言更为重要。因此，要站在国家战略的高度来研究新媒体，促进新媒体的健康发展。

2020 年 7 月 22 日，中国社会科学院新闻与传播研究所和社会科学文献出版社联合在北京发布《中国新媒体发展报告 No. 11(2020)》，该报告指出中国新媒体的发展呈现出以下十大趋势。

(1)新基建带动数字经济迎来全面提速提质阶段。随着国家积极布局加快新型基础设施建设，新基建将为数字经济发展提供技术支撑，直接带动数字经济增长，并促进数字经济相关产业升级。数据被正式纳入生产要素范围也将使数据资产成为数据经济发展的新动能，激发新型数字业态和模式，数据成为数字经济发展的关键要素，拉动数字经济增长。

(2)网络安全建设注重严管严控与开放创新并举。没有网络安全就没有国家安全，因此，网络安全工作的严管严控趋势是毋庸置疑的。网络安全工作要做到有法可依，针对在线服务应用、智能家居、5G 等新技术安全和远程应用软件等新应用方面尽快完善相关配套规定，为网络发展提供制度保障。面对数据分享与保护等新领域工作，做好安全风险与行业发展之间的平衡。

(3)直播和短视频仍处于黄金发展赛道。当前，互联网企业纷纷入局直播赛道，直播功能成为社交、电商等移动应用标配。“直播＋”造就出万物皆可直播的景象，直播和短视频赛道红利显著。在短视频方面，抖音、快手两家公司仍将占据两强位置，随着两家公司打造闭环生态加快流量变现，二者的用户重合度将会不断提升。同时，直播、短视频等领域的网络监管将会快速跟进并不断严格化，直播和短视频将会持续发挥公益价值和社会价值。

(4)“5G＋”加速产业互联网变局。近两年，我国产业互联网发展迅速，传统产业数字化发展共识进一步凝聚，产业互联网化实践加速推进。未来，5G、云计算、大数据、人工智能、区块链等技术将与产业发展紧密融合，产品研发得到升级，产业链得到优化，催生了新的产品类型、商业模式和管理服务。2020 年 2 月，国际电联(ITU)已启动 6G 研究工作，IPv6(互联网协议第 6 版)的产业实践也在加速产业变革。

(5)互联网巨头积极布局超级 APP 生态。生鲜电商、在线办公、无接触服务等新数字化服务模式在培养用户使用习惯的同时，加速了生活服务数字化转型，也让平台经济快速发展。中国互联网巨头纷纷抢占新赛道，强化超级 APP 功能，新技术带动互联网应用边界不断扩张。

(6)互联网出海面临新阶段发展机遇和挑战。根据当代中国与世界研究院发布的《中国国家形象全球调查报告 2018》，中国产品、互联网企业塑造的中国科技形象在国际上表现亮眼。面对国内互联网市场红利消退的现状，越来越多的互联网企业开始瞄准国际市场。与早期互联网出海不同，此阶段的互联网企业出海更加注重社会融入度和体系化，在具备技术保证和跨文化考虑的前提下进行业务布局。2020 年 5 月，央视国际频道原主持人杨锐加盟科技信息服务平台钛媒体，昭示钛媒体国际战略开始布局。

(7)微传播价值与媒体融合价值回归本质。近年来，公众旺盛的信息需求及信息过剩现状，引发人们关于微传播、媒体融合、融媒体价值导向问题的思考。随着微传播、移动传播成为主流信息传播方式，媒体融合不断深入，新传播技术不断更迭，新闻传播工作的价值本质问题值得关注。新媒体工作需要将出发点和落脚点落在对人的关注上。因此，建设性新闻将是未来媒体业务发展的重点。

(8)"耳朵经济"迸发市场发展活力。根据相关数据显示，2019 年音频市场规模达到 87.72 亿元，相比 2018 年增长 56.5%。根据市场研究机构 IDC 发布的数据显示，2019 年中国智能音箱市场出货量达到 4589 万台，同比增长 109.7%。随着智能家居和产品的发展、5G 等新技术的推动、智能语音交互系统的落地，音频内容使用场景会得到迅速拓展，中国数字音频市场迎来发展新契机。

数字音频的伴随性和收听性属性，在满足儿童、中老年等特定人群需求上具有优势。在线音频平台荔枝 APP 上的曲艺相声和读物朗诵等内容版块受到中老年人的喜爱。无线耳机产业的发展与在线音频互相促进，数字音频成为智能互联时代的重要入口，消费场景和模式不断多元化。

(9)网络文化呈"破圈化"发展趋势。新传播技术赋予传统文化源源不断的生机与活力，"互联网+文化""智能+文化"等催生网络文化新业态。文创产品不断融合经济价值与文化价值进行创新，文化产业发展势头强劲。根据国家统计局数据显示，2019 年全国文化及相关产业企业营业收入 86624 亿元，比上年增长 7.0%。网络文化内容和平台不断"出圈"，线上线下影响力提升。围绕网络文学的网络文学阅读、数字出版、影视作品、相关游戏等文化产品产业链趋于成熟。以哔哩哔哩(bilibili)为代表的网络文化平台不断主流化。

(10)数字社会治理共同体建设不断推进。我国数字社会治理体系不断完善，随着政务新媒体建设的不断优化、政务数据的有序共享、社会数据的合理利用、互联网平台的有效协同、公众的积极参与，多元共治的数字治理模式不断形成。数字社会治理注重融合治理方式，做到线上线下融合治理、国内国外全盘化治理。数字治理手段不断得到理念认同和实际应用，有助于提升国家治理体系和治理能力现代化水平。

思考题

1. 如何理解新媒体？

2. 简述新媒体的发展现状。

3. 新媒体发展的驱动因素有哪些？

第二章　新媒体的类型

新媒体的类型，按照传播途径可以分为基于互联网的新媒体、基于数字广播网络的新媒体、基于融合网络的新媒体和基于无线网络的新媒体；按照传播媒介可以分为互联网新媒体、新型电视新媒体和手机新媒体。

第一节　互联网新媒体

一、搜索引擎

1. 搜索引擎的含义

搜索引擎指根据一定的策略，运用特定计算机程序搜集互联网信息，对信息进行组织和处理后将信息显示给用户，为用户提供检索服务的系统。站在用户的角度，搜索引擎是一个包含搜索框的页面，用户在搜索框输入字词后，通过浏览器向搜索引擎发出搜索请求，搜索引擎会返回跟用户输入的内容相关的信息列表。使用搜索引擎搜索的实质是预先整理好的网页索引数据库。

继文字搜索之后，语音搜索、图片搜索、视觉搜索，已成为移动互联网时代三大最有代表性的搜索方式。图片搜索是一种以反馈图像有效信息结果的搜索模式，只需输入文本、关键字或者图片就可以得出结果，门槛相对较低；视觉搜索是用智能手机或其他摄像头来识别物理世界所有对象信息的模式，同时使用图像识别技术，结合用户特征和搜索场景得出相关信息。移动互联网时代，APP 成为各个新媒体领域的重要入口，传统通用搜索引擎难以搜到 APP 中的优质内容。无论是国外的脸书(Facebook)、"油管"(YouTube)，还是国内的抖音、快手、携程、美团中的内容，传统通用搜索引擎都很难搜索到。

移动搜索与传统搜索有着很大区别，搜索诉求、搜索方式、输入方式、输出结果都变得更自然、广泛和智能。人们不仅可以随时随地通过苹果的 Siri 搜索，通过可穿戴设备搜索，也可以通过亚马逊的 Alexa 进行搜索。这让搜索引擎市场格局开始发生变化。比如百度，由于内容壁垒加深，以及用户注意力被分散到短视频、电商、垂直应用等各个移动端口，搜索及相关业务也被其他不同搜索业务和平台逐渐分食。人们用淘宝搜商品，用知乎搜问题，用美团搜团购，用哈罗搜自行车，用滴滴搜快车，用高德搜地点，同样也会用抖音搜视频。可以说，这些互联网平台都有相同的目的：在最擅长领域内，做自己的搜索引擎，以缩短搜索和服务目标之间的链条。

2.搜索引擎的发展

随着网络视频用户规模的快速增长，视频形式对专业内容的要求门槛较低，能够吸引更多大众用户；同时，用户对结果直观、有效信息的搜索追求、体验需求与日俱增，视频化表达必将成为内容领域的重要发展方向，视频搜索也因此备受关注。视频搜索有着和短视频技术融合的天然性。无论是国外的 YouTube，还是国内的抖音，都能够通过提高算法，与搜索引擎技术相融合，来改善搜索质量和搜索体验。抖音崛起的过程中，基于智能推荐引擎就是其备受推崇的核心技术。

从技术角度而言，以用户兴趣推荐驱动搜索，其结果会更加个性化、精准化。这意味着，在进行视频搜索时，搜索结果相比图文搜索的内容丰富度、匹配准确度有了相当大提升(这也是搜索的两大核心需求重点)，用户体验会更好。这也是视频搜索与传统搜索最大的区别。比如，在抖音搜索“红烧肉”，纵向信息流里是推荐与“红烧肉”相关的热门视频和头部主播视频，“红烧肉”的话题入口等，横轴上则提供“视频”“直播”和“商品”等一些细分入口。

未来的智能搜索引擎将采用机器学习的方法研究文本信息的自动搜集、抽取与分类等处理过程，由此可以减少大量的人力资源需求，并提高信息处理的效率和精度。例如，百度作为全球最大的中文搜索引擎，收录了千亿量级的中文网页信息。百度以自身的核心技术“超链分析”为基础，帮助人们在搜索框里搜索信息与知识，连接需求与服务。百度开放深度学习平台飞桨(PaddlePaddle)，为程序开发者提供了功能全面的深度学习框架。搜索引擎在提供信息、服务的过程中，对于搜索、图像识别、语音识别、自然语言处理等技术进行了广泛的应用，拥有了丰富的数据及技术积累，在人工智能领域拥有一定的优势。同时搜索引擎不再只是提供信息服务的角色，更多地向服务、消费等方面渗透，连接用户线上、线下的生活场景，更加需要人工智能理解用户的需求，人工智能成为搜索引擎厂商构建搜索大生态的技术突破点。作为国内搜索引擎巨头，百度在稳定自身传统搜索业务的同时，正在令搜索突破“框”的限制，从手机向智能音箱、智能汽车等方面延伸，并将成为一个无处不在的超级智能交互入口。

未来的搜索将变得无时不在、无处不在。百度创始人李彦宏认为，“在人工智能时代，人机交互的平台已经远远不止手机，很多的设备是没有屏幕的，那么搜索就必须要做到足够的智能，给出唯一的答案。”

第47次《中国互联网络发展状况统计报告》的数据显示，截至2020年12月，我国搜索引擎用户规模达7.70亿，较2020年3月增长了1962万，占全部网民的77.8%；手机搜索引擎用户规模达7.68亿，较2020年3月增长了2300万，占手机网民的77.9%。

2020年上半年，搜索引擎持续推进内容生态体系建设，不断提高服务智能化水平，同时，海量信息搜索的社会治理效能也有了初步体现。

搜索引擎加快构建内容生态体系。一是流量商业价值最大化是建设内容生态的主要动力。搜索引擎企业纷纷通过建立内容生态体系实现用户留存，助推流量变现，降低营收成本。相关数据显示，百度来自应用内搜索、移动生态系统的流量增长稳健，2020年营收成本连续两季度下降。二是充实原创内容和购买内容是建设内容生态的主要手段。经过两年的大力发展，百度百家号创作者数量第二季度同比增长52%，现已成为平台生态体系原创内容的主要提供者，与新闻资讯、百科、视频、直播等共同构建信息搜索和分发体系；头条搜索的独立APP上线，在整合字节跳动公司旗下产品内容的基础上，先后收购互动百科和百科名医网，进一步提升搜索内容的全面性和专业性，以满足用户内容消费的多重需求。

搜索引擎行业整体营收下滑，当务之急是寻求新增长点。社交、购物等特定需求APP吸引大量流量，搜索的入口优势受到显著影响，因此，搜索企业加快内容和服务生态布局，加速推进人工智能商业化。一是搜索入口更加智能化，智能助手改变信息搜索方式，越来越多地被用户接受。2020年，百度收入多元化趋势明显，云服务、视频会员服务和人工智能业务营收规模保持增长，自动驾驶业务获得资本市场认可，推动市值突破600亿。数据显示，2020年6月小度助手语音交互总次数达到58亿次，同比增长57%。阿里巴巴旗下的夸克搜索通过人工智能工具拓展搜索入口，过去一年来，人工智能相机识别搜索使用量提升超过10倍。二是搜索直达服务更加智能化，如微信搜一搜主要作为微信的内建服务，不断提高搜索连接服务的智能化水平，可以根据用户的关键词直接连接相应的信息资讯、娱乐资源和小程序，为用户提供更加高效的内容、品牌与服务的连接方式，如搜索“体检”可直接进行预约，搜索品牌名可直接进行购买。

搜索引擎将用户的搜索请求作为信息整合的起点，这也意味着，用户在内容消费中的主动性开始得到重视。

二、视频网站

视频网站是指在完善的技术平台支持下，让互联网用户在线流畅发布、浏览和分享视频作品的网络媒体。目前，国内网络视频行业用户、内容、流量主要集中在腾讯视频、爱奇艺视频、优酷视频、芒果TV、搜狐视频和哔哩哔哩等几大平台。随着优酷和土豆的"联姻"，爱奇艺、搜狐、腾讯三家也结成了"视频内容合作组织"，从运营模式到内容生产进行全方位的升级、更新和转型。视频平台弹性的空间为短剧提供了良好的"生存土壤"，影视点播成为视频平台商家的必争之地。

2020年上半年，除电视端增量变化显著外，活跃的用户需求度也刺激了在线视频消费的多维增长，各大视频网站内容数量整体上扬。视频网站的"剧场化"更加细化，剧场模式可以满足分众化观影需求。爱奇艺的"迷雾剧场"以强类型标签迅速抢占大众的关注度，爱奇艺视频凭借优质内容的创新及运营，在用户规模、用户活跃度与用户黏性等方面均稳居在线视频行业第一，成为中国互联网用户活跃性最强的视频类平台；优酷视频持续为用户提供更多原创及独家内容，并打造优越的用户体验，形成规模化与差异化的内容用户，使得付费用户同比增长了六成；腾讯视频进行了剧集系列化开发，并积极打造"三体"系列IP。据统计，爱奇艺、优酷和腾讯视频的VIP会员数量都已经达到了亿级。

近年来，随着国产网剧品质的提升和中国文化影响力的增强，内容"出海"已经成为常态化现象。2017年，优酷的某自制剧海外发行权被网飞（Netflix）公司买下，成为首部通过正规渠道在海外大范围落地的国产网络剧集。2018年，优酷"这就是"系列网络综艺的"这就是灌篮"模式版权被福克斯传媒集团买下，开创了国产原创综艺模式版权"出海"的先例。2020年，爱奇艺迷雾剧场实现了全球化发行，在国产悬疑剧和海外市场之间初步建立了新的赛道，更为其他国产类型剧的生产模式创新、类型化突破、内容品质提升、发行海外常态化提供了行之有效的范本。

2019年，"视频当道、音频逆袭"是全球视听新媒体产业发展的突出特点。随着全球网民数量持续增加，视频成为互联网流量之王，各类媒体特别是社交媒体、电商等纷纷与视频加快融合，媒体传播全球化、媒体管理全球化、媒体影响全球化、媒介全球化等促使媒体间展开了空前激烈的竞争和兼并，造成了媒体垄断的趋势。

哔哩哔哩作为中国年轻一代高度聚集的文化社区和视频平台。它早期是一个动画、漫画、游戏等内容创作与分享的网站。经过十年多的发展，围绕用户、创作者和内容，构建了一个源源不断产生优质内容的生态系统，哔哩哔哩已经发展成为涵盖7000多个兴趣圈层的多元文化社区，曾获得北京贵士信息科技有限公司（Quest Mobile）评选的"Z世代偏爱APP"和"Z世代偏爱泛娱乐APP"两项榜单第一名，并入选"BrandZ"报告（2019）最具价值中国品牌100强。

三、短视频

短视频是指在各种新媒体平台上播放的、适合在碎片时间观看的、高频推送的视频内容。短视频的可视性、动态性、产量大、成本低、分发快及短小精悍满足了注意力稀缺时代消费者自主参与和注意力回报率的需求，成为话语表达方式转化的重要途径。第 47 次《中国互联网络发展状况统计报告》显示，截至 2020 年 12 月，我国短视频用户规模为 8.73 亿，较 6 月增长了 5500 万，占全部网民的 88.3%。

根据相关报告数据统计，2019 年有 46 万个家庭用抖音拍摄了全家福，有 308 万个亲子视频记录了家庭生活的温情日常，还有 176 万次迎接新生、18 万次面对高考、38 万次挥别校园、709 万次分享新婚喜悦等短视频。这说明抖音呈现着中国大部分家庭的面貌和千万种的别样人生。

另一个短视频平台——快手作为抖音的竞品也有着不错的成绩，但是两者背后的运行逻辑不同，又决定了用户属性的不同。有人曾经写过一篇文章分析两者的不同，文章中提到极为关键的一点："快手侧重算法的公平普惠，面向以作者为主的使用者，使普通人的视频也能有人看，快手更关注作者侧的指标。抖音侧重信息普惠，是从普通用户的角度出发，让高热的视频尽量多，让用户在进行内容消费时感到快乐，得到满足。"对于普通用户来说，短视频的出现，让大部分人站在了舞台中央，这也是抖音和快手深受人们喜爱的重要原因。

短视频的内容生成相对容易，传播速度快，具有较强的社交属性。如通过分析用户的视频播放、关注、点赞、下载、转发等网络行为，进行用户偏好"画像"，从而对用户进行偏好内容的精准推送，成为 5G 时代典型的应用大数据和机器算法的新型媒体平台。《中国数字媒介生态地图 2020 版》的数据显示，抖音和快手的活跃用户每天花费在短视频等平台的时间超过 60 分钟。2020 年，抖音的日活跃用户突破 4 亿，每天有近 3 成中国人会打开手机中的抖音，抖音成了名副其实的"国民级应用"。抖音、快手并驾齐驱，火山视频、西瓜视频紧随其后，各大短视频平台不断细分影视、综艺、游戏、动漫等领域，以持续更新、形式丰富的特效提升短视频作品的表现形式和趣味性，对用户产生极强的黏附性和吸引力，是发展最快的流量领域。此外，电视大屏成为打开短视频的新方式。有关数据显示，55.8%的用户在电视大屏上看过短视频，其中 84.6%的用户对大屏观看短视频的体验、内容品质持正面评价。

短视频已经成为大众化应用，内容和功能在不断丰富和延伸。短视频平台通过不断调整用户的视频最大拍摄时长，与专业团队合作推出与自身平台更为匹配的"微剧""微综艺"等措施，提高用户留存时间，更有利于产出优质内容。如抖音在 15 秒、1 分钟、3 分钟视频后，开放了 15 分钟的视频拍摄权限。同时，短视频行业与新闻、电商、旅游等产业的融合不断深入，传播场景不断拓展，短视频逐渐成为其他网络应用的基础，重塑了传播和消费的新格局。

在网络新闻领域，短视频改变了新闻叙事方式，扩宽了新闻报道渠道，创新了新闻传播方式。2019年，央视先后入驻快手、抖音、哔哩哔哩、喜马拉雅等多个音视频平台，推出《主播说联播》，发布短视频“康辉的第一支Vlog”，以轻松的风格和热门的方式出现，受到观众的喜爱和称赞。在电商领域，短视频通过生动形象的方式展示商品，激发用户需求，提升商品转化效率，成为主流电商平台新标配。在旅游市场上，各大在线旅游，平台纷纷打造短视频内容社区，引导用户创作短视频游记，增加平台流量。

短视频企业还积极探索助农新模式，通过内容支持、流量倾斜、营销助力、品牌赋能等方式开展助农行动，为农户解决生产和经营难题，助力乡村经济发展。2020年新年伊始，腾讯微视发起“微爱助农”计划，携手各县县长、村干部及农户，采用“短视频＋电商”形式，缓解农产品的滞销局面。今日头条、抖音、西瓜视频等平台发起系列助农活动，提高各地农产品供需信息对接效率，协助农户解决农产品销路难题。2020年11月，“望山见水忆乡愁　休闲乡村我来秀——首届中国美丽休闲乡村短视频大赛”以精彩、生动、灵活的短视频形式，依托新媒体矩阵流量平台，以立体式、多维度、互动式展现广袤乡村之美，这活动有着时代价值和引领意义。

在内容生产方面，专业用户生产内容模式成为短视频行业提升内容建设的途径。在运营方面，多频道网络产品内容进一步场景化、垂直化，营销模式进一步专业化，数据平台、管理体系和交易平台也更加规范。短视频大大降低了用户走近艺术和传播艺术的门槛，重塑艺术表达空间，激发艺术创意潜力，开放、包容、参与、互动的传播理念与技术手段，让短视频文娱内容进入“全民创作”时代。

在第29届中国新闻奖获奖作品中，《人民日报》客户端的短视频新闻《中国一分钟》获得特等奖。

我国短视频已经从平台开始向各个领域蔓延，在美妆、搞笑、美食、游戏等领域逐渐成熟。随着国内短视频市场日趋激烈，“出海”发展成为短视频企业谋求高效益的热门选择，快手和字节跳动是典型的代表之一。2016年底，快手开始尝试国际化发展，推出快手海外版Kwai。2017年5月，字节跳动也开始“出海”，在海外上线抖音国际版的Tik Tok。2020年5月，抖音及其海外版Tik Tok累计下载量突破20亿，正式登顶短视频平台，将众多美国社交媒体巨头甩在身后。其中，印度是第一大市场，美国是第三大市场。海外媒体称：“TikTok拥有真正的创意文化，并且深受数以百万计美国年轻人的喜爱。”

5G通讯进一步普及、人工智能和大数据技术的发展将会为短视频平台提供新的支持，加上国家加强对行业的监管，平台对用户发布的短视频内容也加强了审核力度，短视频会在原有的基础上不断优化迭代，短视频行业发展潜力巨大。

四、门户网站

传媒经济就是以注意力为基础的经济，媒体是注意力的拥有者，也是注意力价值的交换者。在信息过剩的时代，吸引足够的用户注意力就能够产生商业价值。从这一意义上来说，注意力本身成为一种资源，传统的资金和信息不再是最重要的资源，大众的注意力才是最重要的资源。而吸引大众注意力的最重要手段是争夺视觉，因此，注意力经济也被称为眼球经济。毫无疑问，门户网站是注意力经济的代表之一。

1. 门户网站的概念

门户网站来自英文"Portal Site"，Portal 意为门户，指入口和正门。门户网站起源于互联网商业中的进程间通信，是指在互联网上进行信息收集、加工并向用户或访问者发布的公司。

门户网站是一个为了满足网民(大多数或特定的)对于信息与服务的不同需求而产生的信息共享的网络枢纽。在这个枢纽中，网民为了相同的目的而来——获取信息。具体来说，门户网站就是集合众多内容，为用户提供多样服务，尽可能地成为用户上网的首选网站。从广义角度来说，门户网站是一种应用框架，可以把数据资源和网络资源及应有系统汇集于一体，以信息管理平台的方式和统一用户界面的形式服务用户。从狭义角度来说，门户网站是指提供综合性互联网信息资源和信息服务的应用系统。目前，主流门户网站主要提供新闻、网络接入、聊天室、电子公告牌、免费邮箱、影音资讯、电子商务、网络社区、网络游戏、免费网页空间、微博服务等服务内容。国内具有代表性的门户网站有新浪、搜狐、网易和腾讯等。

2. 门户网站的类型

根据不同的分类标准，门户网站可分为不同的类型。

(1)根据网站的内容模式分类，门户网站可分为综合门户网站和垂直门户网站。

①综合门户网站以信息资讯服务为主，定位全国甚至全球市场，注重内容与服务的全面性和广泛性，其优势在于信息的广度和宽度，如新浪网站。

②垂直门户网站指专注于某一行业、某一特定领域、某一特定人群或某一特定需求，提供的有一定深度的信息和相关服务的网站，其优势是信息的精度与深度。

垂直门户网站的出现是社会化大分工的产物，人们相信专而精的东西是最好的，在互联网上，垂直门户网站很好地扮演了这一角色。另外，垂直门户网站的出现也跟某些行业或领域的空前繁荣有关。当一个行业或领域空前繁荣时，人们也就有了互通有无、相互交流的需要。比较有代表性的垂直门户网站有前程无忧、携程旅行、汽车之家、世纪佳缘等。

(2)根据门户网站构建主体分类，门户网站可分为企业门户网站、商业门户网站和政府门户网站。

①企业门户网站是指为企业员工、分销商、代理商、供应商、合作伙伴等同一价值链上的相关人员提供基于不同角色和权限的、个性化的信息、知识、服务与应用的系统平台。

②商业门户网站是指面向普通的网络用户，并为其提供有价值的资讯、信息和服务的门户网站，如化工英才网、慧聪网等。

③政府门户网站指在各政府部门的信息化建设基础之上建立跨部门的综合业务应用系统，使公民、企业与政府工作人员都能快速、便捷地接入所有相关政府部门的业务应用、组织内容与信息，并获得个性化的服务，使合适的人能够在恰当的时间获得恰当的服务。政府门户网站是政府部门信息发布的总平台，也是政府部门集中对外提供服务的总平台。

门户网站的媒体影响力主要反映在聚合性、用户黏性和公信力三个方面。聚合性是指门户网站对于用户的集聚效应，内容决定网站的影响力，门户网站通过内容资源的建设，聚集了极高的人气，培养了大批忠诚用户，产生了巨大的影响力，影响力资源经过转化，就可以成为重要的营销资源。

用户黏性反映的是网民对网站的忠诚度。互联网的转换成本极低，鼠标轻轻一点，网民就可以很轻松地离开某一网站。一家门户网站只有内容足够丰富、氛围足够统一、可使用的功能足够多，才能够留住网民。反过来，如果一家网站对用户有很强的黏性，让用户有一种不上该网站就好像缺了些什么的感觉，说明该网站有独到之处。

公信力的价值在于门户网站在用户心里的认知定位。例如，新浪网在 1998 年法国世界杯上，以体育报道打下中文门户基础后，一直坚持客观、公正、准确、全面的新闻原则，在内容建设上一路领先，经过 10 年发展，才逐步树立起主流网络媒体的品牌形象，新浪的新闻原则及版式成为业界默认的标准，而这一切都是公信力的表现。

五、社交媒体

社交媒体是人们用来创作、分享、交流意见、观点及经验的虚拟社区和网络平台。社交媒体除了传播信息、放大舆论、提供多样观点、完成群体协调等社会功能以外，也具有社交、娱乐、商业等属性。有行业报告显示，人们平均每天要花费两个小时在社交平台上分享、点赞、发推和更新。艾媒咨询的数据显示，2020 年中国移动社交用户规模达到9.2亿人，较2019年增长了7.1%。数据还显示，受访移动社交用户交流方式中文字聊天占比约七成，仍为主流的交流方式。在倾向交流方式调查中，12.5%的受访用户表示倾向使用视频方式，倾向占比超过实际使用占比，用户对视频交流占比提升意愿明显。随着图片社交、声音社交、视频社交等产品形态的创新及革新，移动社交市场将保持稳健发展态势，用户渗透率稳步增长。有人预测，到2023年，几乎所有网民(约96.8%)都将是社交网络用户。

随着5G和AI技术的持续创新，社交产品场景将更加丰富和新颖，有望重塑用户的社交行为链条。社交媒体更新了时间与空间概念，凭借算法机制精准地生产和推送信息，将持有相同观点、兴趣的人们聚在一起，形成了网络社群。社交媒体满足了用户的信息兴趣和需求，同时强化了用户观点，这种新型的组织方式很容易使用户生活在信息孤岛中形成认知偏见，造成认知失衡，认知偏见使真相离我们越来越远，情绪、态度离我们越来越近。

1. 社交网站

社会性网络服务(Social Network Services，SNS)是基于互联网为拥有相同兴趣与活动的人群提供服务创建的在线社区，其建立理念基于“六度分隔理论”，即“你和任何一个陌生人之间所间隔的人不会超过六个”。1967年，哈佛大学心理学教授斯坦利·米尔格拉姆根据这个概念进行了一次连锁信件实验，尝试证明平均只需通过六个人就可以联系任何两个互不相识的人。这种现象并不是说任何人与人之间的联系都必须要通过六个层次才会产生联系，而是指按照这一理论，每个个体的社交圈只要不断放大，最后都能成为一个大型网络。社会性网络的互联网服务最初正是通过“熟人的熟人”进行社交拓展，发展到后来，“熟人的熟人”变成了社交方式的一种，一般的SNS不再限于“熟人的熟人”这一层面，人们可以根据兴趣、话题、职业等不同主题聚合在一起。

(1)人际关系互联化。社交网站出现之前，人们的很多行为是建立在人际关系基础上的，所以才有亲戚、朋友、同事、同学这样一些称谓。SNS出现后，人们的行为超越了人际关系，所有人可以互联互通，彼此之间直接交流，不必通过第三人介绍。也就是说，互联网使得人际关系网络被无限放大了。人与人之间的交流由“点对点”变成了“点对面”。

(2)颠覆传播链。之所以说基于SNS的传播颠覆了传播链，因为它是人类口口相传最好的网络工具。SNS建立在人与人连接的基础上，传播具有超强的、类似病毒式扩散的能力。一个人只要发布一个信息，他的朋友会很好奇；同理，其朋友发布一个信息，他也会很好奇。经朋友转朋友，这条信息可能会转给多个人，到了信息发布者可能并不认识的人手上。这样的传播力度是惊人的，信息或话题由自己及自己身边的人提供，信息传播类似“核裂变”，显现出巨大的威力。一般来说，阅读内容的人远比撰写内容的人多，SNS的不同之处在于，用户使用SNS的过程就是创造内容的过程。SNS需要参与者创作网页、丰富内容、创造虚拟角色并控制其动作。这些SNS通过丰富的内容吸引了大批习惯自创内容的人参与其中。

2. 微博

(1)微博，即微博客，是一种基于用户关系的信息分享、传播和获取平台，用户可以通过各种各样的客户端组建个人社区，以140字左右的文字更新信息，并实现及时分享。与强调版面布置的博客相比，微博在形式上更加简洁，对用户的技术、语言组织要求比较低，打破了移动通信网与互联网之间的界限。微博作为一种分享和交流平台，更注重时效性和随意性，更能表达出每时每刻的思想和最新动态。微博的应用价值主要体现在服务价值、传播价值和营销价值三个方面。

推特(Twitter)是世界上最早也是使用最广泛的微博平台，诞生于2006年的美国。“twitter”是一种鸟叫声，其创始人杰克·多西认为，鸟叫是短、快的，符合网站的内涵，因此，选择Twitter为网站名称。Twitter使用方式简单，可以轻松实现网文互动，在全球互联网网民中迅速传播。Twitter还为用户提供了强大的收发工具，使用户可以在各种各样的设备及聊天工具上接收和发送更新的内容，被形容为“互联网的短信服务”。

在国内，2009年8月，新浪推出“新浪微博”内测版，成为第一家提供微博服务的门户网站，微博正式进入中文上网主流人群的视野。许多著名的传统媒体(如凤凰网、中国新闻周刊、新周刊等)都在新浪微博注册了用户，宣传自己的观点，推介自己，随后，有很多专家学者、媒体精英等也都纷纷开通了微博。2014年3月27日，“新浪微博”改名为“微博”。

截至2020年9月，微博月活跃用户数为5.11亿，较上年同期净增约1400万。月活跃用户数中约94%为移动端用户。在视频号方面，截至2020年11月，微博视频号开通规模已超75万个，其中百万粉丝的视频号规模超过1.3万个。在创作者方面，有数据显示，随着“V创作中心”、“V光计划”、垂直领域内容扶持、MCN扶持等多项政策的持续推动，微博头部作者规模已突破100万，其中大V用户规模接近8万。

微博常见的类型有个人微博、企业微博、政务微博、组织机构微博和其他微博。

(2)微博内容微型化，互动性强。微博随时记录自己的所见所闻所感，“140字符”的表达最接近人们的口语习惯，呈现出碎片化的特点。碎片化的现代生活方式使人们的注意力很难持久，微博正是信息碎片化的推手与标志之一。用户可以随时点击“关注”和“取消关注”决定是否接收信息。虽然碎片化与全面性、深刻性表面是对立的，但碎片化的信息反映的是某些时间或空间上的点的状态，当很多碎片被以一种内在的逻辑拼接在一起时，它反映的事物的面貌与深度，也许比某一个个体的长篇大论更为全面、深刻。微博具有信息化的传播特点，任何人都可以是某个事件的创造者和传播者。它正在成为企业和个人信息发布的有效渠道，在许多公共事件中，微博在舆论扩散过程中扮演了重要角色。作为全球范围内首家上市的中文社交媒体，微博自身的定位也在逐渐发生着变化，从规模增长到内容消费，再到如今的娱乐经济，微博的步子又大又稳。换句话说，从三四线城市那里寻求没有渗透的用户增量，连接供需两端解决内容分发的时间占用模式，通过娱乐化的兴趣导向对产品功能进行重组。

微博具有“草根性”。微博构造的短平快的信息共享和思想交流平台是对“社会草根”舆论价值的认同，让“草根”的舆论更加集中化。“沉默的大多数”在微博客上找到了展示自己的舞台。微博的力量在于简单、高效、以人为中心，简单意味着大众化，高效意味着即时性，以人为中心意味着群体创造力。在强调自我认识和社会认同的双重需求下，微博的崛起让企业看到了网络自媒体的力量，更看到了网络新媒体向社会化媒体过渡的探索之路。

3. 微信

(1)微信是腾讯公司于 2011 年 1 月 21 日推出的一个为智能终端提供即时通信服务的免费应用程序，支持跨通信运营商、跨操作系统平台，通过网络快速发送免费(需消耗少量网络流量)语音短信、视频、图片和文字，同时也可以使用通过共享流媒体内容的资料和基于位置的社交插件。2017 年初，腾讯公司又上线了小程序功能，向用户生活中的各类线上线下服务渗透，包括交通出行、线下餐饮、微商小程序、打卡签到等。微信也成为中国数字经济的标志性产品之一。

使用便利、功能全面、已养成习惯是受访网民使用微信最主要的三个原因。根据《2019—2020 微信就业影响力报告》显示，2020 年第一季度，微信及 WeChat 的合并月活跃账户数达 12.025 亿，用户覆盖 200 多个国家。此外，微信支付正式上线 1 年来，用户数已突破 1 亿，覆盖 30 多个行业。2020 年 6 月 17 日，微信上线“拍一拍”功能。

微信跨越了运营商、硬件和软件、社交网络等多种壁垒，实现了现实与虚拟世界的无缝连接，使移动终端成了新的社交节点。截至 2020 年 6 月，微信朋友圈使用率为 85.0%。在用户信任度方面，微信群被认为是更新速度最快、最值得信任的信息传播平台。2020 年以来，国家积极布局新基建、数据要素培育，以“上云用数赋智”等举措助力数字经济新业态新模式发展，给数字经济注入了强劲的发展势能。微信专注做好连接，以公众号、小程序、微信支付、企业微信为核心的新生产工具，成为各行各业的数字化助手，与合作伙伴共建新生态，助力新基建、数据要素和传统产业的深度融合。与各方合力推动经济发展动力变革、效率变革、质量变革，提升国家数字竞争力。拼多多平台是国内移动互联网的主流电子商务应用产品。通过沟通分享形成的社交理念，形成了拼多多独特的新社交电商思维，依托微信生态中的海量用户，通过熟人分享和推荐的社交电商形式引导消费者购买商品，通过拼团、砍价、抽奖等社交裂变方式，成功地在强关系社交中找到了流量突破口，以低价策略切去了生活用品这个品类的大市场，旨在凝聚更多人的力量，用更低的价格买到更好的东西，体会更多的实惠和乐趣。

(2)微信的信息传播范围可以分为三个层级：好友间传播、朋友圈传播和公众平台传播。

好友间传播以文字、图片、表情包、语音和视频等形式为主，传播范围为一对一或群组成员之间，传播频率不限。

朋友圈传播是在手机上关注好友，传播范围为好友之间，传播频率不限。朋友圈是微信中的自我表达工具，个人用户可以把图片、文字、短视频、文章链接等多样化内容发布出来，大家可以在朋友圈进行点赞、评论等互动。朋友圈还可以设置三天可见、半年可见，在一定程度上保护了用户的隐私。通过多样化的象征符号及其表达，微信朋友圈的即时互动和超地域性，使微信具备了现实朋友圈难以企及的社会资本动员能力和文化张力。

公众平台传播即公众号传播，任何个人和企业信息都可以被粉丝接收或转发给好友，传播频率有限。微信公众平台主要包括服务号、订阅号、小程序和企业微信。①服务号为企业和组织提供更强大的业务服务与用户管理能力，主要偏向服务类交互，服务号每个月可发送 4 条群发消息；②订阅号为媒体和个人提供了一种新的信息传播方式，构建与读者之间更好的沟通与管理模式，主要功能是向用户传达资讯，适用于个人、媒体、企业、政府或其他组织，订阅号(认证用户、非认证用户)每天可群发 1 条消息；③小程序是一种新的开放能力，无须下载或安装便可以在微信内被便捷地获取和传播，具有出色的使用体验，如线下扫码等；④企业微信即原公众号，适用于政府机关、社会组织和学校、医院、公司等企事业单位，是专业办公管理工具。企业微信提供丰富、免费的办公应用，有效简化管理流程，提高信息的沟通和协同效率，并与微信消息、小程序、微信支付等互通，助力企业高效办公和管理。

2019 年 8 月 26 日，微信公众平台已经汇聚超 2000 万公众账号，很多作者通过原创文章和原创视频形成了自己的品牌，成为微信里的创业者，实现了“再小的个体，也有自己的品牌”。

(3)微信与微博比较。①微信侧重人际传播与群体传播,微博侧重大众传播。微信传播是一对一或群体组织之间的传播,目标群体更具有针对性;微博是一个完全开放的信息平台,松散的社交关系使微博具备了一对多的大规模群体交流的能力,具有大众媒体的属性。②微信具有私密空间属性,以社交取向为主,人们对维系私人关系的诉求更为明显;微博具有更强烈的传播和媒体属性,以媒体取向为主,人们获取公共信息的诉求更为突出。

六、网络游戏

1. 网络游戏的发展

网络游戏又称为“在线游戏”,简称“网游”,指以互联网为传输媒体,以游戏运营商服务器和用户计算机为处理终端,以游戏客户端软件为信息交互窗口,旨在实现娱乐、休闲、交流和取得虚拟成就的,具有可持续性的个体性多人在线游戏。网络游戏必须由多名玩家通过互联网连接才能对任务角色及场景进行操作,达到娱乐和互动的目的。网络游戏以空前的互动性和完整的虚拟社会架构,强势点燃了一个新型的娱乐狂潮。

网络游戏包括页游、端游和手游。页游即网页游戏,不用下载客户端,任何一台联网电脑都可以进行游戏,具有占用空间小、硬件要求低、类型及题材丰富等特点。端游即客户端游戏,依靠下载客户端,在电脑上进行的网络游戏。端游是一种需要持续服务的游戏类型,厂商必须持续不断地对游戏内容进行更新维护,才能维持玩家的热度,这就要求游戏厂商必须有一个庞大的开发团队来维持。手游即手机游戏,指运行于手机上的游戏软件。中文网游第一门户 17173 囊括端游、页游、手游全品类。《2020 年 7 月游戏行业网络关注度分析报告》显示,最受网友关注的手游 TOP50 中,按照游戏类型划分,角色扮演类和经营养成类人气相对更高,占比分别达到 38%和 15%。但是渠道和发行商的关注点在游戏的数据、评级和付费状况,导致手游产品同质化的现象日益严重。

2020 年在美国,网络游戏领域的硬件和配件消费达到了 45 亿美元。与 2019 年相比增长了 62%,是 2017 年销售额的两倍多。第 47 次《中国互联网络发展状况统计报告》显示,截至 2020 年 12 月,我国网络游戏用户规模达 5.18 亿,占网民整体的 52.4%。从 2019 年 6 月至今,韩国 70.5%的国民在玩游戏,比上一年增长了 4.8%。脸书发布了手游行业的最新报告,研究指出,在 2020 年 3 月到 7 月之间,美国手游玩家增长了 28%,代表着 2800 万新玩家。英国的增长率更高,达到了 50%,意味着有 860 万新手游用户。

2020 年 4 月 9 日,《北京市推进全国文化中心建设中长期规划(2019 年—2035

年)》正式发布,提出北京将“建设网络游戏之都”,在研发、出版、发行各环节坚持正确价值导向,引导网络游戏健康发展。

2. 网络游戏的影响

(1)网络游戏的正面影响。腾讯公司高级副总裁马晓轶认为:“游戏不仅是一种娱乐,一个产业,其实也是人们的社交、文化体验,以及情感陪伴,甚至还可能是解决问题的方式。”在网络游戏里,来自不同地方、不同文化背景的玩家被纳入同一个游戏场景,他们可能有着类似的成长背景、类似的游戏能力,从而消除跨文化的隔阂,形成心理上的亲近感。现在很多孩子在虚拟世界中互动,但是互动的同时,情感却是真实的。真实的情绪在虚拟的环境中实现,审美是情绪化的,出现了情绪,也就有了美学的成分。有关数据显示,亚太地区市场 2020 年游戏收入达 784 亿美元,同比增长 9.3%,占全球游戏收入近一半。中国网络游戏市场实际销售收入 1394.93 亿元,同比增长22.34%。我国自主研发游戏在海外营收达 75.89 亿美元(约合人民币 533.62 亿元),其中策略类、射击类、角色扮演类游戏最受欢迎。在实际销售收入地区分布中,美国、日本、韩国市场占比分列第一、二、三位,三者合计占比超过 60%。

与此同时,我国日益庞大的移动类游戏市场为更多中小企业的创新发展提供了机会,为新模式、新玩法的出现提供了成长空间,持续保持占有率和营收的领先地位。有关数据显示,2020 年上半年,我国新增游戏企业超过 2.2 万家,平均每天新增 122 家。游戏类应用数量达 92.5 万款,占全部移动应用程序比重的 25.8%,环比增加 2.6 万款。2020 年上半年国内网络游戏市场销售总收入中,移动游戏占比为 75.04%,远超其他各类游戏。多款具有创新性和开拓性的移动类游戏获得了网络游戏用户和市场的青睐,为网络游戏行业的持续推陈出新、健康发展起到了激励作用。有些冒险游戏将“开放世界”理念引入移动游戏,并与“二次元”文化相结合,在国内外市场表现出色。

此外,我国网络游戏企业也进一步加大了与国际知名游戏企业在移动类游戏领域的交流合作,助力我国移动类游戏精品化,将为网络游戏用户带来更好的游戏体验。

网络游戏通过创造统一的兴趣、目标和体验将人们联系在一起,成为娱乐、社交和释放压力的工具,在社会生活中发挥着重要作用。2020 年,世界卫生组织正式将电子游戏推广为推荐社交活动方式,网络游戏借助文学、音乐、电影、美术等多种艺术元素,模拟人类现实世界,为玩家虚构“超真实世界”。另外,网络游戏根据用户技能水平合理设定并及时调整任务难度,为游戏玩家提供新体验。持续深耕电竞领域多年的斗鱼已成功构建了多元化的内容生态,上市后,平台月活跃用户人数与付费用户均稳健增长，荣获“2020 年度最佳创新文娱产品/平台”奖。

(2)网络游戏的负面影响。共青团中央维护青少年权益部与中国互联网络信息中心于 2020 年 5 月联合发布了《2019 年全国未成年人互联网使用情况研究报告》，该报告指出“2019 年我国未成年网民规模为 1.75 亿，未成年人互联网普及率达到 93.1%”。在 6 岁至 18 岁的未成年网民中，网络游戏使用率仅次于网上学习和听音乐。

网络不良信息对未成年人的学习、生活产生很大负面影响，阻碍人际关系建构，暴力和色情信息还可能成为诱发犯罪的重要因素。网络游戏中的虚拟现实场景使网络游戏用户具有自由的身份，通过角色扮演体验不同的人生，飞行、变性，甚至杀人不负任何刑事责任。因此，对很多人来说，虚拟世界成为人们摆脱现实世界压力和困境的避难所，尤其对青少年有很强的吸引力。青少年长期沉溺于网络游戏会出现成瘾现象，“网瘾”已成为当今时代不容忽视的心理疾病。尼尔·波兹曼的《童年的消逝》认为电子媒介不区分观众，通过暴露成人世界充满无能、竞争和担忧的秘密，瓦解相对于儿童的神秘性，从而导致儿童羞耻心的丧失，童年便消逝了。英国上议院议员、牛津大学神经学教授苏珊·格林菲尔德男爵认为：“数字技术的广泛应用将改变我们大脑的形态和化学构成，激烈的视频游戏和高强度的网络互动将导致精神疾病，例如孤僻、无精打采、思维混乱和神经过度疲惫等。”

3. 网络游戏的监管

(1)政策监管。政府和企业高度重视网络游戏对未成年人群体的不良影响，陆续采取相关行动，不断改善未成年人群体的游戏环境；发布《未成年人节目管理规定》等相关文件，要求企业不得宣传、介绍不利于未成年人身心健康的网络游戏。

(2)加强行业自律。人民网联合腾讯、网易、完美等多家大型游戏公司发起《游戏适龄提示倡议》，要求行业通过更多的努力，使未成年人保护的相关机制变得更成熟、更普及。尝试建立不同年龄段游戏内容和运营等方面的行业标准，适时推出适龄提示在线自评系统，将游戏适龄提示倡议普及化、规范化；升级健康系统、成长守护平台等功能，强化家长和老师对学生游戏行为的监控。

(3)做好价值探索和产品创新。网游也是文化产品，具有文化承载功能。通过将道德价值和文化基因赋予故事、人物、画面、音乐等内容，能够潜移默化地引导游戏者特别是青少年的世界观、人生观、价值观。因此，要充分发挥年轻人的创意和才华，从游戏产品设计到思维方式要精心研发、科学打造，注重增加文化性、教育性，传播好主流价值。同时在游戏时间管理、消费管理、实名信息校验等方面切实履行社会责任，回应社会关切。

超级链接

国家新闻出版署关于防止未成年人沉迷网络游戏的通知

各省、自治区、直辖市新闻出版局，各网络游戏企业，有关行业组织：

近年来，网络游戏行业在满足群众休闲娱乐需要、丰富人民精神文化生活的同时，也出现一些值得高度关注的问题，特别是未成年人沉迷网络游戏、过度消费等现象，对未成年人身心健康和正常学习生活造成不良影响，社会反映强烈。规范网络游戏服务，引导网络游戏企业切实把社会效益放在首位，有效遏制未成年人沉迷网络游戏、过度消费等行为，保护未成年人身心健康成长，是贯彻落实习近平总书记关于青少年工作重要指示精神、促进网络游戏繁荣健康有序发展的有效举措。现就有关工作事项通知如下。

一、实行网络游戏用户账号实名注册制度。所有网络游戏用户均须使用有效身份信息方可进行游戏账号注册。自本通知施行之日起，网络游戏企业应建立并实施用户实名注册系统，不得以任何形式为未实名注册的新增用户提供游戏服务。自本通知施行之日起 2 个月内，网络游戏企业必须要求已有用户全部完成实名注册，对未完成实名注册的用户停止提供游戏服务。对用户提供的实名注册信息，网络游戏企业必须严格按照有关法律法规妥善保存、保护，不得用作其他用途。

网络游戏企业可以对其游戏服务设置不超过 1 小时的游客体验模式。在游客体验模式下，用户无须实名注册，不能充值和付费消费。对使用同一硬件设备的用户，网络游戏企业在 15 天内不得重复提供游客体验模式。

二、严格控制未成年人使用网络游戏时段、时长。每日 22 时至次日 8 时，网络游戏企业不得以任何形式为未成年人提供游戏服务。网络游戏企业向未成年人提供游戏服务的时长，法定节假日每日累计不得超过 3 小时，其他时间每日累计不得超过 1.5 小时。

三、规范向未成年人提供付费服务。网络游戏企业须采取有效措施，限制未成年人使用与其民事行为能力不符的付费服务。网络游戏企业不得为未满 8 周岁的用户提供游戏付费服务。同一网络游戏企业所提供的游戏付费服务，8 周岁以上未满 16 周岁的用户，单次充值金额不得超过 50 元人民币，每月充值金额累计不得超过 200 元人民币；16 周岁以上未满 18 周岁的用户，单次充值金额不得超过 100 元人民币，每月充值金额累计不得超过 400 元人民币。

四、切实加强行业监管。本通知前述各项要求，均为网络游戏上网出版运营的必要条件。各地出版管理部门要切实履行属地监管职责，严格按照本通知要求做好属地网络游戏企业及其网络游戏服务的监督管理工作。对未落实本通知要求的网络游戏企业，各地出版管理部门应责令限期改正；情节严重的，依法依规予以处理，直至吊销相关许可。各地出版管理部门协调有关执法机构做好监管执法工作。

五、探索实施适龄提示制度。网络游戏企业应从游戏内容和功能的心理接受程度、对抗激烈程度、可能引起认知混淆程度、可能导致危险模仿程度、付费消费程度等多维度综合衡量，探索对上网出版运营的网络游戏作出适合不同年龄段用户的提示，并在用户下载、注册、登录页面等位置显著标明。有关行业组织要探索实施适龄提示具体标准规范，督促网络游戏企业落实适龄提示制度。网络游戏企业应注意分析未成年人沉迷的成因，并及时对造成沉迷的游戏内容、功能和规则进行修改。

六、积极引导家长、学校等社会各界力量履行未成年人监护守护责任，加强对未成年人健康合理使用网络游戏的教导，帮助未成年人树立正确的网络游戏消费观念和行为习惯。

七、本通知所称未成年人是指未满 18 周岁的公民，所称网络游戏企业含提供网络游戏服务的平台。

本通知自 2019 年 11 月 1 日起施行。

国家新闻出版署

2019 年 10 月 25 日

来源：国家新闻出版署国新出发〔2019〕34 号

七、H5(HTML5)

H5，是超文本标记语言(Hyper Text Markup Language)的英文简称，这是最新的网页标准语言。H5 支持丰富的媒体形式、动画和交互行为，可形成全新的融媒体内容，使之更加符合移动时代用户特别是年轻用户的阅读习惯。H5 是融合文字、图片、视频、音频、动效、链接等多种元素的展示页面，丰富的控件、灵活的动画特效、强大的交互应用和数据分析，高速低价实现信息传播，非常适合通过手机进行展示、分享，也因灵活性高、开发成本低、制作周期短的特性使其成为当下很多企业或者个人进行移动互联网营销(宣传推广)的首选方式。另外，人工智能技术的成熟也在不断地增强 H5 对于大数据的利用、收集与互动展示。

H5 在新闻传媒领域应用非常广泛。在第 29 届中国新闻奖获奖作品中，有 11 部 H5 作品获得媒体融合奖，其中央视财经客户端的《幸福照相馆》荣获一等奖。

《幸福照相馆》的 H5 采用腾讯天天 P 图首创的“多人脸融合”技术，在电视屏幕端播出制作揭秘并吸引观众扫码参加；在新媒体端由央视财经新媒体牵头，联动全国 138 家主要媒体、全国铁路系统 385 家新媒体、共青团中央宣传部及学校部，以及 78 家知名企业，联合转载参与活动，形成全国性、立体化推广策略，这是全国范围内首次出现多媒体、多平台共同参与和推广的同一活动。用户覆盖 173 个国家和地区，页面访问量超过 1670 万，独立访客超过 1012 万，帮助超过 500 万个家庭实现了制作全家福的梦想，用科技在阖家团聚的春节给全国人民献上温暖。

H5 作为交互融媒体新技术在促进媒体融合方面也起到了非常重要的作用，以 H5 为核心的创新已成为社会各界关注的热点，每年的全国两会报道是各大媒体发挥才能的“验兵场”，新媒体人才以“技术流硬肩膀”和越来越富有思考性的创意不断更新着融媒体产品形式。

2020 年两会期间，环球网推出 H5 作品《跟习近平总书记参加团组讨论》，作品采用大家日常使用的微信聊天对话框形式，利用沉浸式对话、竖屏阅读等场景，引导阅读者进入两会团组，成为“群聊观看者”中的一员，加强了互动体验，迅速拉近了用户与两会新闻的距离。用户通过扫描二维码，直接进入交互页面，主界面页面有 5 个选项，分别是内蒙古代表团、政协经济界联组会、湖北代表团、解放军和武警部队代表团及环球网。点击选择想要了解的团组，就可以在团组“微信群”中与总书记一起参加讨论了。而在“环球网”选项中，则设置了名叫“环环”和“球球”的两个卡通人物，以他们微信对话的形式，对这个 H5 的主要内容作了简要介绍。在点击进入相关团组后，首先就看到一个同微信聊天背景对话框相似的界面，总书记讲话的对话框为绿色，代表委员讲话的对话框为白色，对话内容以总书记提问，代表委员回答、汇报的形式呈现，再现了总书记“下团组”的现场对话场景。读者在体验过程中只需要轻轻滑动界面进行查看即可。这种以微信对话框为呈现方式的形式，不仅亲切、熟悉，而且其开篇主界面十分符合目前融媒体产品越来越偏向轻巧、便捷和能够快速分享的设计方式。

下面具体介绍几个 H5 互动展示制作工具平台。

1. 方正飞翔

方正飞翔数字版是一款专业的数字内容制作软件，传承了方正飞翔印刷版专业设计编排的基本功能，并实现了无代码交互设计，提供图像扫视、动感图像、全景图、视音频、画廊、自由拖拽、划线动画等三十多个互动组件，采用模块化的呈现方式，辅以灵活的参数设置，只需要在对话框中指定相应的素材即可完成创建，实现数字作品、新媒体产品创意制作，包含互动创意效果制作功能。

方正飞翔 H5 云服务与方正飞翔数字版功能无缝衔接，为用户的 H5 作品提供云端预览、管理、发布的一体化中心，以及一系列增值及个性化服务，包括作品展示专区、模板专区、数据收集与分析等，以其强大的文字处理能力使用户充分体验印刷时代专业而严谨的版面特性。方正飞翔数字版还能够提供不同设备屏幕适应方式，一键发布 H5 的同时提供了输出 PDF 格式的文件和 epub3.0 交互式数字出版物，满足了用户的多元需求，并提供 H5 离线包下载功能。

2. 易企秀

易企秀是一家基于内容创意设计的数字智能营销科技公司，依托人工智能及大数据技术的持续研究，从 H5 工具切入，研发国内品类最多的设计工具矩阵，包括 H5、海报、表单、长页、互动小游戏、视频等，开发出"H5 工具—创意工具矩阵—企业内容中台"的产品服务体系，打造技术与产品门槛，让用户可以 3 分钟做出一个炫酷的作品。初步统计，国内 6 成以上 H5 作品是在易企秀平台生产的。

易企秀的模板除"精选模板"需要付费，其余均为免费，成为很多首次接触 H5 用户的首选平台。模板分类标签详细，还有"新风格"分类，包括"清新""国风""商务""文艺""搞笑""影视风"等 12 类，更具个性化和实用性。

在用户接触度上，易企秀在官网挂接了易企秀论坛，划分出不同的版块，比如 H5 制作教程、H5 营销知识、素材博物馆、H5 用户反馈等，帮助用户快速熟悉平台特色和使用方法。

3. 玛卡

玛卡(MAKA)的平台定位是给企业提供更好的 H5 数字化营销解决方案。MAKA 操作简单，只需三步便可以设计作品。第一步选择模板，海量精美设计模板，全行业多场景；第二步，替换文字或图片，只需替换文字或图片，一键分享或导出，马上宣传；第三步，一键分享或下载，简单编辑一键输出成品，打造您的专属好设计。多端创作，一个账号，多平台操作，支持 MAKA PC 端、移动端客户端。PC 端在线编辑功能丰富，简易操作，只需登陆 MAKA 官网，即可解锁海量精美模板；移动端下载的 MAKA APP 可随时编辑、随时卸载，更快、更简单，营销宣传轻松搞定。

4. 人人秀

人人秀平台定位是移动端的互动营销管家，功能强大的 H5 制作工具。打造"一站式宣传营销服务，多页效果类宣传、自由拖拽组合，页面＋互动组合营销"模式。人人秀的模板素材由专业设计师制作提供，海量模板，场景化呈现，自由编辑组合即可生成新的 H5。素材分为"用途""行业""功能""节日""风格"和"活动"等，下设更为细化的分类标签，点击不同标签即可查找相应模板。

5. 兔展

兔展智能科技有限公司是国内 H5 技术在营销领域的缔造者，是一家大数据驱动的技术营销公司。2014年9月兔展上线,成为国内最早一批H5零代码免费编辑平台;同年12月,兔展大数据上线,成为国内最强大的H5传播追踪平台。兔展将H5技术、大数据及人工智能集成融入企业营销全过程,为企业客户提供以兔展营销云驱动的营销服务,助力企业通过全渠道营销数据化、社交化升级,打通企业营销增长之路;同时也帮助企业建立了私域流量池,将营销内容数字化、规范化、版权化,整合企业营销渠道,沉淀客户档案,通过营销流程自动化的方式触及用户核心需求,以达到精准化营销的目的。

随着技术的不断成熟,H5不受场景的限制,PC端、移动端都可以使用,翻页H5、长页面H5等可以增强用户体验,但是没有能真正强关联的平台,若是单独应用H5,便成为一个个分散的网页,退出访问后不易再找到,无法通过H5再次进行有效触及,缺乏完整性,难以形成闭环。所以H5的最佳应用,都需结合平台,以实现内容和数据的集中管理。比如,H5+企业小程序、H5+企业APP、H5+企业服务号、H5+企业微信等。结合应用的原则之一是以上小程序、APP、服务号为企业自有,可自控数据和内容。

八、网络直播

网络直播是指在现场架设独立的信号采集设备(音频+视频)和导入导播端(导播设备或平台),再通过网络上传至服务器,发布至网址供用户观看。从广义上讲,网络直播可以看作是以直播平台为载体进行的营销活动,是以网络视频直播的形式实现提升品牌形象、增加商品销量或直接获得经济收益目的的一种网络营销方式。

目前,网络视频直播已经发展得较为成熟,尤其是可以与用户进行直接信息交流的网络互动直播,其互动性更强,且能够随时随地进行直播,是目前新媒体中发展迅猛的传播形式。网络直播的形式以游戏直播、体育直播、真人秀直播、电商直播和政务直播为主。游戏直播的应用模式为“直播+电商”“直播+发布会”“直播+日常”“直播+广告植入”“直播+活动”等。

截至2020年12月,我国网络直播用户规模达6.17亿,较2020年3月增长5703万,占网民整体的62.4%。其中电商直播用户规模为3.88亿,占网民整体的39.2%,游戏直播用户规模为1.91亿,真人秀直播用户规模为2.39亿,体育直播用户规模为1.38亿。

电商直播的蓬勃发展主要得益于以下三方面:①在政府层面,网络直播作为“线上引流+实体消费”的数字经济新模式,成为拉动经济内循环的有效途径。针对2020年上半年国内外市场变化,党中央明确提出建立“以国内大循环为主体、国内国际双循环相互促进"的新发展格局。在这一背景下，电商直播激发消费潜力的作用得到良好体现，成为建设内需大循环的重要力量。②在企业层面，各大互联网公司的涌入为行业发展提供技术支撑。2020 年上半年，无论是以淘宝、拼多多为代表的电商平台，还是以抖音、快手为代表的短视频平台，甚至微信、微博等互联网社交应用，都开始将电商直播作为拉动营收增长的战略重点，推动电商直播在短时间内聚集了大量人才、资金和媒体资源，为上半年的爆发性增长奠定了基础。③在用户层面，电商直播激发了用户的线上购物需求，并与助农脱贫等目标相结合，增强了用户购物过程中的获得感。以微博为例，《人民日报》、央视新闻等官方微博组织的"一起遇见国货好物#这很中国#"等多个主题直播活动观看量均超过千万。

2020 年 10 月 16 日，北京国家图书馆门外的朗读亭，董卿带着《朗读者》向光归来，第一次以直播形式出现在镜头前，而且是挑战 72 小时不间断直播。关于直播，董卿说："大家可能会想到直播带货，好像直播带货就是主要的一个内容形式。我希望做出不同于以往任何一种直播形式，既不是带货也不是新闻事件，也不是春晚这种经过反复排练的大型项目。我希望它是更自然的，把我这么多年在电视传统媒体积累下来的这种电视节目制作手段融入直播当中。"

第二节　电视新媒体

一、移动电视

1. 移动电视的含义与特点

移动电视是安装在交通工具上，随其移动播放的电视系统，它通过无线数字信号发射，地面数字设备接收的方式进行电视节目和广告节目的播放。移动电视采用的技术是数字电视单频网技术，即地面数字电视广播方式系统。凡移动中的交通工具（轨道交通、水上巴士、汽车等）或人流集散场所（车站，码头，各类购物、休闲场所等），只要安装相应的接收设备，依靠适宜尺寸的液晶显示屏，均可接收为移动电视独家供给的各类数字电视资讯信息。

移动电视的出现既是社会进步的表现，也是社会发展的需要。现代生活紧张而忙碌，尤其对于在快节奏大都市中的人们来说，每天有不少时间在移动公共交通工具上。移动电视这种全新的视频终端接收媒体将电视节目带到人们身边，消除了人们在等待中的无聊感，也通过节目中播放的广告创建新的经济增长方式。

移动电视是电视媒体和户外媒体相结合的产物，兼具两者的特点，弥补了传统媒体无法触及的空白领域，也呈现出诸多特性。①强迫收视是其最大特点。移动电视中的传播内容在强制性传播下，虽然不利于互动，但有利于拓展“无聊经济”“等待经济”的巨大利润空间，使传播效果得到保障。这也是广告商愿意在移动电视上投放广告的原因。②移动电视受众面广，目标群体遍布各个领域，消费主流人群广泛。③受众接触和收看移动电视的时间长，接触信息深入。④受众群体结构稳定，以上班、上学和旅游群体为主。与其说移动电视依靠的是电视内容资源，不如说打的是注意力资源之牌。

移动电视依托城市公共交通平台，在节目内容和播放形式方面与传统电视有很大不同，因此如何瞄准用户定位，精确编排移动电视的节目内容和广告成为提高移动电视传播效果的关键。第一，移动电视节目具有贴近性。受众对新闻、休闲、资讯类节目更感兴趣，节目内容要贴近老百姓，注重新闻信息的实用性和公共利益导向。第二，移动电视节目简单明晰。移动电视用户的收视是在复杂环境下进行的非专注性行为，发动机轰鸣声、报站声、门的开关声、其他乘客的交谈声使播出内容不可能通过声像双重渠道有效完整地传达给用户。因此，节目画面要突出表现力，构图要精致、色彩要绚丽、节奏要富有动感并且具有很强的视觉冲击力。第三，以直播形式播放。基于无线传输技术，移动电视可以在移动状态下发挥电视直播优势，及时、快速地发布重大新闻事件和资讯信息，争取在第一时间将最新信息传递给用户。

2.移动电视的发展

新加坡是率先开展数字地面移动电视的国家。2002 年，上海文广集团开始在上海的公交车上推出移动电视系统和服务，在我国，最先实现了移动电视的播出。长沙公交车载电视于 2003 年 10 月 1 日开通，是全球第三、国内第二个开通车载数字移动电视商业运营服务的新锐电视媒体，信号已覆盖长沙城区 98%以上的区域。“CCTV 移动传媒一公交频道”是 CCTV 移动传媒针对城市公交车辆开办的车载电视系统，通过采用互联网定点传播技术，可覆盖全国的主要大中城市公交电视传播网络，内容包括娱乐、生活、音乐、影视、综艺、体育等。

中国广播电视社会组织联合会(简称“中广联合会”)移动电视宣传委员会，是一家拥有 52 家成员单位的全国移动电视行业协会。中广联合会移动电视宣传委员会所属会员单位包括 48 家移动电视和 4 家观察员单位，电视终端涵盖公交、地铁、楼宇、出租车、户外大屏、机场、船舶、游船等户外场所，覆盖 23 个省(自治区、直辖市)40 多个城市，总计 31 万块屏，每天接触的受众人群超过 2 亿人次，是目前中国境内最大的户外电视媒体，也是目前中国境内最大的户外地面频道、户外都市频道、户外短视频平台。

2020 年 6 月 20 日，中广联合会移动电视宣传委员会第一届长三角移动电视区域合作联席会在苏州举行。上海东方明珠移动电视、杭州无线数字电视、宁波广电广通移动数字电视、温州数字移动电视、南京广电移动电视、苏州广电移动传媒、无锡广通传媒、常州广电无线传媒、扬州电广新媒体传播、盐城广播电视总台、安徽广电移动电视、芜湖广电交通传播，共三省一市12家移动电视负责人携手成立“长三角移动电视区域联合体”。长三角12家移动电视拥有公交、地铁、观光巴士、水上游船等各种户外公共媒体平台达到12万个终端，这些终端每天受众数千万，辐射长三角1亿多人群，受众多影响大，是本地区最为强势的户外公共媒体。此次12家移动电视成立区域联合体，未来将整合各自独特资源，在中广联合会移动电视宣传委员会指导下，建立机制化协调机构，联动发展，优势互补，形成多维度、多层次合作，在城市形象、旅游推广、公益宣传、品牌提升等方面，在商业合作、产业合作、项目合作等方面将大大强化联动，强化整体，发挥长三角移动电视户外大平台的强大宣传作用和媒体独特性，并以整体态势积极与长三角地区及全国其他区域组织、行业和城市等展开深度合作和项目交流，包括文旅融合、合作交流、跨地活动、直播联动等。长三角地区移动电视将以更大格局、更强合力持续融入长三角区域一体化发展，探索长三角区域一体化的多元发展路径。

移动电视作为一种新媒体，改变了传统广播电视节目的制作、编排、传播、服务和接收方式，促进了广播电视与通信、互联网业务的相互融合。

目前，户外新媒体的主要作用是广告。未来一个重要趋势是随着政府公共服务职能的不断完善，一部分的户外新媒体转向“公共信息服务”，如进行灾害天气预报、政府信息报道、重大事件播报、突发事件紧急播报等。这些信息与广告夹杂在一起，既实现了社会利益，也保证了经济利益。

二、中国IPTV——客厅端新型智慧融媒体

互联网交互电视（IPTV）是基于电信宽带网络和宽带业务平台，以机顶盒或其他具有音视频编解码能力的数字化设备为终端，通过聚合服务提供商的各种流媒体服务内容和增值应用，为用户提供多种互动多媒体服务的一项业务。用户可以通过电视机、PC端及移动终端享受IPTV服务。

IPTV业务按不同应用角度又可分为电视广播、视频点播、信息服务、通信服务、互动游戏和其他业务。

在我国，爱上电视传媒（北京）有限公司是负责运营全国IPTV集成播控的总平台，在全国31个省（自治区、直辖市）开展业务，是客厅端新型主流媒体，也是全球最大的IPTV平台。

中国IPTV为用户提供直播、点播、时移、回看等视听节目和丰富的应用服务。

直播功能荟萃国内上百路优秀直播频道、时事新闻、精彩赛事、热点追踪……同步收看，掌控视听脉搏，满足用户不同需求。点播功能提供海量片库，节目不断更新，24 小时任意观看，轻松点播，用户可尽享视听盛宴。回看功能，让用户可以随时回看数天内直播过的电视节目，错过的节目随时补看，喜欢的节目随时重播。时移功能是 IPTV 独创的“时移电视”功能，可以自由掌控播放进度，有了这一功能，就算临时走开一会儿，只需按下暂停键，也不用担心错过任何一个精彩瞬间。

中国 IPTV 拥有央视频道、奥运会、世界杯、春晚等央视核心新媒体版权资源，具有超过 85 万小时点播内容，涵盖电影、电视剧、少儿、综艺、体育、纪录片、新闻等各类节目。既有国家大事的权威报道，又有热门影视剧的精彩专题，还为小朋友们准备了丰富多彩的动画片，实现了足不出户就可享受生活缴费、在线挂号、体感游戏、电视购物、远程医疗等电视智慧融媒体服务，满足家庭每个成员的收视需求。

中国 IPTV 用户在不断增长。据工信部数据显示，截至 2020 年 11 月，我国 IPTV 用户已达 31400 万人，同比增长 6.6%，较 2014 年的 3364 万人增长超过 8 倍。

中国 IPTV 用户观看频率高。根据《2019—2020 年 IPTV 行业发展报告》显示，对约两万户 IPTV 用户进行调研，其中约 48.58%的 IPTV 用户一周均有观看 IPTV，超过 80%的 IPTV 用户每周观看 IPTV 的频率在 4 天以上，说明 IPTV 用户使用较为频繁。

IPTV 用户以中青年为主。从用户年龄分布情况来看，25～49 岁的用户占据了用户总数的 65%；25 岁以下人群占据了约 9.6%；50 岁以上人群占据了约 25.3%。同时，IPTV 用户的付费意愿也普遍较高，CTR 央视市场研究在对 IPTV 用户大屏独播的热门单片付费意愿的调查中，发现约 89.2%的 IPTV 用户表示愿意付费，占据了 IPTV 用户的较大比重。

综合来看，我国 IPTV 行业发展较快，用户规模庞大，且使用 IPTV 的频率较高，具有较强的付费意识，IPTV 市场未来可期。

一、思考题

1. 比较微信朋友圈与微博信息传播方式的差异性。

2. 分析视频网站对传播行业的影响。

3. 什么是“信息茧房”？请选择一个新媒体平台进行解读。

4. 如何解决 APP 过多占用移动端空间而导致用户大量卸载的问题？

二、实践题

以“社会主义核心价值观”为主题，完成一个 H5 场景设计。

第三章 媒介理论

“媒介”一词最早见于《左传》中的“会于嬴，成昏于齐也”。晋杜预注：“公不由媒介，自与齐侯会而成昏，非礼也。”后逐渐演变为泛指使双方联系起来的行为，或使双方联系起来的人。其中，“媒”字在先秦时期是指媒人，后被引申为事物发生的诱因。“介”字是指居于两者之间的中介体或工具，也指在两者或两者以上的人或事物间，介入参与其中的活动或组织，表达一种动作状态。英语中的“媒介”一词出现于 19 世纪末 20 世纪初，是指使事物之间发生关系的介质或工具。

美国著名传播学家施拉姆认为：“媒介就是传播过程中，用以扩大并延伸信息传送的工具。”麦克卢汉认为：“媒介即信息，媒介而非媒介承载的内容改变了人类认识、感受世界的方式，而所有媒介都可以与人体发生某种联系，如同书籍是眼的延伸，广播是耳的延伸等。”约翰·杜海姆·彼得斯在《奇云：媒介即存有》中定义“媒介并不只是各种各样的信息终端，它们同时也是各种各样的代理物，各自代表着不同的秩序”。谭天的《2020 十大传媒热点重新定义媒介》一文中将媒介定义为“从人类社会到物质世界，媒介存在于智能传播的时空穿越中”。

第一节 几种媒介理论

一、哈特媒介理论

美国传播学家哈特在对媒介进行历史性考察的时候，把历史上依次出现的媒介系统分为三类：示现媒介、再现媒介和机器媒介。示现媒介系统即人们面对面传播信息的媒介，主要指人类的口语、表情、动作、眼神等非语言符号，它们是由人体感官或器官来执行功能的媒介系统。再现媒介系统包括文字、绘画、印刷和摄影等，在此类系统中，信息生产和传播者需要使用物质工具或机器，接收者却不需要。机器媒介包括电信、电话、唱片、电影、广播、电视、计算机通信等，在这类系统中，传授双方都需要使用机器。

在哈特看来，这三类媒介是按照先后顺序依次出现的。从不依赖任何机器手段的示现媒介到部分依赖机器的再现媒介，再到完全依赖机器的机器媒介，这是人类传播媒介手段日趋丰富的过程，也是人体的信息功能向外扩展、体外化信息系统逐渐相对独立的过程。哈特的理论从机器使用的角度来认识媒介的发展，纷繁复杂的媒介系统变得清晰明了，我们可以从中感受到技术进步的创世力量。

二、英尼斯媒介理论

加拿大政治经济学家英尼斯在《传播中的偏倚》《帝国与传播》等著作中，较为系统地论述了社会传播媒介与社会组织形态和人际结合方式的关系，从时空偏向的角度来考察媒介，提出了媒介时空偏向理论。

英尼斯认为，文明的兴起、发展、衰落与传播媒介息息相关，一切文明都是靠对时间跨度和空间领域的控制而存在的，任何媒介都有时间偏向或空间偏向。时间偏向媒介是质地较重、耐久性较强却难于运输的媒介，如刻在黏土、石头、龟甲、金属上的文字，金字塔，石雕等，适合克服时间障碍得到较长时间的保存；空间偏向媒介是指易于远距离传送但不易于长久保存的媒介，如古代的烽火、呼声、手语、旗语等，现代的印刷、电话、广播、电视等。任何传播媒介都具有其中之一的特性或两者兼具。偏倚时间的媒介在某种意义上是个人的、宗教的、商业的特权媒介，强调传播者对媒介的垄断和在传播上的权威性、等级性、神圣性，但不利于对边陲地区的控制。而偏倚空间的媒介是一种大众的、政治的、文化的普通媒介，强调传播的世俗化、现代化和公平化，所以它有利于帝国扩张、强化政治统治、增强权力中心对边陲的统治，也有利于传播科学文化知识。

现代传播媒介正在迅速地改变我们的空间感和时间感。英尼斯的“媒介偏向理论”有着深厚的经济史学和政治经济学的跨学科背景。英尼斯在对媒介偏向时间和空间的分析中，注重媒介的控制功能的把握。控制传播媒介是行使社会和政治权力的一种手段，每种传播媒介都倾向于造成知识垄断，而新的传播媒介的出现可以打破旧的垄断。英尼斯认为，真正的文明应该具有这样的特质：文化在时间上延续并在空间上延展。一切文化都要反映出自己在时间上和空间上的影响。

三、麦克卢汉媒介理论

马歇尔·麦克卢汉，加拿大传播学家，20 世纪原创媒介理论家、思想家，英尼斯的学生；获得英国剑桥大学文学博士学位，后任多伦多大学文化技术中心主任。麦克卢汉一生勤于学问，获得了 5 个学位，完成了几次重大的学术转向，即工科—文学—哲学—文学批评—社会批评—大众文化研究—媒介研究，成为 20 世纪最重要的媒介思想家之一。1962 年，他在著作《古登堡的灿烂群星——印刷文人的诞生》中提出电子时代“地球村”的概念，使他获得了世界范围的好评。1964 年，他的《理解媒介——论人的延伸》在北美大陆出版发行，麦克卢汉预言，未来数字电子媒介的传播方式将彻底改变人类的思维方式和生存方式。2019 年，他的《理解媒介——论人的延伸》在中文版面世 27 年后，首次有了电子书，这恰恰是对麦克卢汉预言的最好印证。麦克卢汉还认为：“中国数千年丰富而独特的历史，将对人类理解媒介有所贡献。”因此，麦克卢汉被《生活》杂志称为“电子时代的代言人，革命思想的先知”。《纽约先驱论坛报》说他是“继牛顿、达尔文、弗洛伊德、爱因斯坦和巴甫洛夫之后的最重要的思想家”。

麦克卢汉将媒介同人类文明发展史联系起来进行探讨，提出了重要的理论——媒介即讯息。麦克卢汉看到了媒介的决定性作用，正是来自世界各地的新闻和图片组成的普普通通的信息流，重组了我们的精神生活和情感生活。特别是在电子化时代，媒介引起了事物的尺度变化和模式变化，媒介改变、塑造、控制事物的组合方式和形态，具有前所未有的积极的能动作用。

麦克卢汉还从媒介革命史的角度指出，媒介具有三种不同的文化，即口头文化、印刷文化、电子文化。在口头文化中，“信息”的增值与减损非常明显，人的记忆得到全面训练。这种文化强调人对时间与空间的深刻体验。随着文字的出现，印刷文化改变了人们的接受方式，尤其是阅读方式，“信息”具有固定性与静止性，“内在引导”占据重要的位置。这种文化传播方式的改变对人类文化的深远影响是前所未有的。当技术进步到电子时代，电子文化再一次改变了人类的生活，“信息”的视觉性与流动性成为它的显著特点。借用李斯曼的概念，电子文化本质上是一种“他人引导”的文化。

“媒介即讯息”理论全面地展示了它自身的特征，即以一种强化的形式进入我们的生活，凸显出电子媒介对人的多层次的影响与改变，将人们对技术在传媒发展过程中的影响认识提升到一个前所未有的高度。

“媒介是人的延伸”是麦克卢汉又一个让人震惊的观点。他借用了英尼斯关于媒介偏倚性的观点中的某些成分，又加以发挥，提出了一切传播媒介都是人类感官的延伸，如印刷品是眼睛的延伸，收音机是耳朵的延伸，车轮是脚的延伸，电视机是眼耳的共同延伸，计算机则是中枢神经系统的延伸等。“一切技术都是肉体和神经系统增加力量和速度的延伸。”新的电子媒介延伸人们的中枢神经系统，影响整个社会，整个世界成了“地球村”，说明媒介的范围得到扩大，超越了一般意义上的媒体形式。

麦克卢汉坚持一种技术决定论的路线，从科学的角度看，媒介的历史基本上是一个技术的发展史；从文化的角度看，传播媒介的变化深刻地改变了人类的思维方式和文化模式，不断地塑造着人类文明的形态；从生存论的角度看，不同的媒介也形成了不同的生存方式。

媒体一方面在树立权威，另一方面在消解权威；一方面在塑造文化模式，另一方面在解构以往的文化模式。有人说过这样的话："我们这一代是看书长大的，书本给我们以概念；我们的子女是看电视长大的，电视给人的是印象。所以两代人的文化观念和行为方式的不同，也就可想而知。那么看电视长大的下一代，网络又给了他们什么呢？"

第二节　技术发展的影响

从口口相传到文字、印刷，从电子媒介再到数字媒介，人类传媒演化史告诉我们，媒介革命的过程，不是一种媒介彻底被另一种媒介所置换的线性路线，而是新旧媒介交融互补，呈螺旋式上升，不断打破时空限制，改善信息传输的时效性和空域性的过程，是不断克服传播媒介固有的缺陷和不足，满足人类日益增长的信息需求和感知追求的过程。在这个过程中，传统媒体与新媒体都交融和统一于数字化、网络化的传播大系统之中。"今天的技术构造着明天的人类"，维克多・斯卡迪格利在《走向数字化的人》一文中强调这一认识对预见科学和技术发明，对组织当今世界的交流，对都市及都市生活、价值体系和思维方法、未来的文化及人种的发展都具有至关重要的作用。1995 年，尼葛洛庞帝出版了被称为信息社会"圣经"的专著《数字化生存》，书中描绘了建立在高新科技之上的数字化时代正在向我们疾驶而来，信息技术的发展将变革人类的学习方式、工作方式、娱乐方式，改变人类的生存方式，为人类带来生存世界的扩展。我们必须清醒地认识到，高科技在推动当代传播领域划时代变革的同时，也产生了极强的矛盾、复杂的社会影响，甚至对人类的智力、道德等构成了严重的挑战。

一、信息的海量性与漂浮性并存

美国学者托马斯・达文波特和约翰・贝克在《注意力经济》一书里指出："注意力是对于某条特定信息的精神集中。当各种信息进入我们的意识范围，我们关注其中特定的一条，然后决定是否采取行动。"随着云时代的到来，大数据也吸引了越来越多的关注，特别是物联网、人工智能、机器人等技术的逐渐普及，数字图书馆、数字资料库等的联网，实现了跨库无缝链接与智能检索，人类产生的信息呈现爆炸式增长。但是，当人类为信息的不再稀缺而兴奋不已时，信息的超载却增加了人们获取有用信息的难度和成本，注意力成为稀缺资源，使人们在享受海量信息带来的丰盈和便利的同时，不得不迷失在信息的海洋中，忍受着多元化选择带来的焦虑。尼尔·波兹曼在《娱乐至死》一书中就表达了这样的焦虑："'到处是水，却没有一滴水可以喝'的著名诗句，也许很能代表这个失去语境的信息环境：在信息的海洋里，却找不到一点有用的信息。"

二、时空的拓展性与离散性并存

麦克卢汉的"地球村"打破了传统的时空观念，推进了经济、政治、思想、文化的全球化发展规模与速度，意味着消除地域的界限和文化的差异。以数字化、网络化为主线的传播系统也实现了空间与时间在网络化或信息化中的内在统一；同时，数字化、网络化又使原本无疆界的时空重新分隔与疏离。经济、文化、技术等的不平等造成国家、地区、民族、个人之间的"数字鸿沟"，因网络语言、兴趣爱好等区别于其他网民，引发"网上结社"等网络社群，从而造成人与人、人与社会在文化、心理等时空上新的疏离。

三、文本的深刻性与浅显性并存

新媒体交互性与即时性的特点实现了文本原创者、传播者和受众共创性不断增强，使传播文本在时空的拓展、意蕴的营造等方面空前地丰满和深厚起来。但是，高科技手段在传播过程中的应用只是提高了文本创作与传播的速度与效率，文本质量提升的关键在于传播设计的高质量和所有参与者的高品位。

四、趣味的多样性与单调性并存

当代传播系统借助数字化魔力，既能为网民逼真再现多姿多彩的现实世界，也可以打造光怪陆离的虚幻世界。五音令人耳聋，五色令人目盲，一个设定的"多样性"文本同水平重复，必定会成为一种单调乏味的存在。

五、主体的自由性与受控性并存

一方面数字化的传播媒介为每个在线者提供了一个没有时空障碍的自由活动广阔天地；另一方面，网络化的传播媒介具有很强的"预设性"与"设定性"，传播内容、传播渠道等都已经在传播前用一种框架或编程设定好了，这无疑会使受众的信息获得与思维空间等受到控制。

六、人格的自主性与走失性并存

斯卡迪格尼等人在《数字化社会》一书中预言："人类将以一条直接、连贯、流畅的发展线路进入信息社会，继而又变成数字化的人。”这是一个个性张扬的时代，当代传媒活动带给人们的极大自由度推动了每个人人格的自我建构，但同时，高效、简便、快捷的当代传播，又使一些人或迷失于知识的海洋，或沉醉于虚拟的幻境，或习惯于被动的视听接受，于是在不知不觉间将自我人格丢失，成为“数字化的人”。

一种媒介的出现、使用和普及会在很大程度上改变一个人的个性或人格，“媒介依存症”就是对这种不良影响的概括。媒介依存症主要表现为过度沉溺于媒介接触而不能自拔，价值和行为选择必须从媒介中寻找根据，满足于媒介中的虚拟社会互动而回避现实的社会互动，孤独和自闭的社会性格等。

“电视人”“容器人”是媒介依存症的表现。“电视人”是日本传播学者林雄二郎提出的概念。所谓“电视人”，指的是伴随着电视的普及而诞生和成长的一代。他们在电视画面和音响的感官刺激环境中长大，是注重感觉的“感觉人”，表现在行为方式上是“跟着感觉走”，这一点与在印刷媒介环境中成长的他们的父辈重理性、重逻辑思维的行为方式形成鲜明的对比。同时，由于收看电视是在背靠沙发、面向荧屏的狭小的空间中进行的，这种封闭、缺乏现实社会互动的环境，使得他们中的大多数人养成了孤独、内向、以自我为中心的性格，社会责任感较弱。

“容器人”概念是日本学者中野牧提出来的。他认为，在大众传播，特别是以电视为主的媒介环境中成长起来的现代日本人的内心世界类似于一种“罐状”容器，这个容器是孤立的、封闭的；“容器人”为了摆脱孤独状态，也希望与他人接触，但这种接触只是一种容器外壁的碰撞，不能深入对方的内心世界，因为他们相互之间都不希望对方深入自己的内心世界，于是保持一定距离便成了人际关系的最佳选择。“容器人”注重自我意志的自由，对任何外部强制和权威都不采取认同的态度，但却很容易接受大众传媒的影响，他们的行为也像不断切换的电视画面一样，力图摆脱日常烦琐的束缚，追求心理空间的移位、物理空间的跳跃，而现代社会中忽起忽落、变幻不定的各种流行和大众现象正是“容器人”心理与行为特征的具体写照。

综上所述，人们对当代传媒有了新的认识。麦克卢汉提出“媒介是人的延伸”，那么，我们也可以说“媒介是人的萎缩”。

第三节　新媒体背景下的个体生存

今天的新媒体发展已经跨越了媒介形态的界限，跨越了文化的阻隔与时空的拘囿。然而，在传统媒体与新媒体既各领风骚又彼此交融共同组成“媒介大餐”的今天，在面对满目的影像、盈耳的声乐、唾手可得的八方信息的同时，人们并没有获得真正的解放和振奋，还会感到身心疲惫与某种精神的迷幻。

一、人群

技术时代的后果，就日常生活而言，在于形成了生活的必需品的可靠供应；技术上征服了时空，使世界范围内的交往成为可能，全球化趋势日益明显。大众传播媒介在空间上使整个社会文化与传播网络系统同构。

整个世界的精神态度被标以实证主义。实证主义者不想高谈阔论，而是要求广博的知识；不想沉思意义，而是要求灵活的行动；不是感情，而是客观性；不是研究神秘的作用力，而是要清晰地确定事实。知识的原始含义被遗忘，其有用性、工具性却日趋重要。知识针对生活"为何"的一面得不到重视，而它之于生活的"怎样"一面却以前所未有的速度发展。知识分类导致灵与肉的分裂，知识凌驾于生命之上，成为僵化生命的力量。机械复制技术又将个人从传统和经验的世界分离出来、孤立起来。同时，媒体又是一部巨大的文化机器，像一双无形的大手，塑造和涂抹着世界和自我。媒体的用户从较小的群体到较大的群体，最终针对大众。文化从口头文化到印刷文化再到电子文化，人与现实的关系也从文字转向图像、表层、形象，只需看无需思。个人意识融入社会意识中，具体的个人被普遍化、客观化了，"他"只是作为"我们"而生存着。本质的人格降格为通常的人格，降格作为功能化的肉体存在的生命力，当生命功能化、欲望化时，它就失去了个体的价值，失去了个体的历史特征，也消除了个体生命的差异性。人以"人群"的方式存在着，"自我"是一种虚假的个体性，这种个体性在根本上是大众性，是"类"的存在。"类"主体是一种没有人的主体，是没有精神的主体，是没有灵魂的主体。

二、精神状态的复制性

1. 焦虑

美国社会学家戴维·李斯曼认为："历史上有三种社会形态：第一种是所谓传统的社会，第二种是资本主义社会，第三种是今天西方所处的社会。"在论及这三种社会形态时，李斯曼用了"引导"这个概念。"传统引导"的市场资本主义社会可称为"内在引导"的社会，而随着社会的发展、传播媒介的进步，社会越来越趋于整一性，这是一个"他人引导"的社会。"'他人引导'实质是统一性，你不能与别人有任何差别，只要存在差异，你不仅感到不舒服，甚至可能被解雇。在'他人引导'的社会里，社会对个人的惩罚已经从羞耻和负罪感变成了焦虑，莫名其妙的焦虑，不再像负罪感那样具体。""内在引导"的人有自己的衡量标准，他们知道什么是正确的，而"他人引导"的人都不再知道到底什么是正确的。机械技术方面每前进一步，就是朝着抽象的方向迈进一步，这样不寻常的抽象生活水平的能力，乃是现代人的力量源泉，人用这种力量征服地球，但是这种力量同以前人类事物一样，有其消极的力量，那就是当现代人真正焦虑的时候，那种令人觉得孤独凄凉的无着落感，以及缺乏具体而实在的感觉困扰着他或她。

现代通信和影视技术把人类社会变成可复制、可演示的机械事件，神圣的东西消失了，生活被纳入千篇一律的统一的形式之中。在文化工业中，个性成为虚幻的，“一个没有制服的人已经给人一种不再归属于此世的不现实的印象”。“制服”是人之为人的表征。个人只有当自己与普遍的社会一致时，他才能容忍个性处于虚幻的处境，人失去了审美的维度，变成单向度的人。在单维度的社会里，人们找不到一块栖息灵魂的“林中净土”、一条可供心灵散步的“林中路”。

2.孤独

异化的感觉在一次又一次的“浪潮”中加剧，人终于感到即使处于人群中，自己也是个陌生人，自己被多重异化了。

就自然而言，工业时代人类征服和改造自然的能力与日俱增，原始时代的人与自然的和谐相处发展到人与自然的相互对抗，人与自然的关系不再是天人感应的“亲生态”，而是天然对抗的“仇生态”，人虽然创造、发明了种种更新的、更佳的方法来征服自然，但却陷入那些错误复杂方法的迷津中，而未能觉察到这些方法只有实现人的目的才有意义。人的内部自然也发生分裂：一方面，感性与理性早已分裂；另一方面，在马克斯·韦伯看来，理性可分为工具理性和价值理性，在现代社会里，以科技为标志的工具理性排斥价值理性，工具理性无限膨胀，知识和思想变为产生成果的工具。传统的作为、寻求正常生活与幸福的条件变了质，成为一种在市场交易、广告宣传及其他方面操纵别人和自己的工具。阿多诺认为，工具理性和交换原则紧密相关。根据交换原则，每一事物在普遍交换中被视为与另外的事物抽象的等值，等值的结果是个人的死亡，个人被纳入形形色色的集体的行为主体之中。依工具理性行事，这就产生了这个时代的精神困境：生命失去意义。

就机器而言，人与机器毫不相干，人从中得不到乐趣。人虽然成为大自然的主宰，却沦为自己创造出来的机器的奴隶，个人沦落为机器的一个部件。其中，个人被当作“物”来对待，成为最大限度谋求利润的工具，我只有创造一个“物”，才能通过我创造的对象证实我的存在价值。自我分裂了自身，打破了自身原始的统一性。整个技术的、机械化的过程就是存在被遗忘的过程。全部物化其实是一种忘却。

因而，人类生活在本质上是孤独的，彻底的孤独，这种孤独并不意味着一种环境的缺乏，而毋宁说人在与自己周围环境的关系中是明显孤立的。“异化”了的主体被它的“异化”了的存在所吞没。只存在一个向度，它以各种形式无所不在。

3. 看与听

正如本雅明所洞见的，工业化带来的新技术、新生产和消费方式的所有变化，已经改变了整个人类的感知方式。

在看、听、读、写等功能中，看与听的感知方式空前扩张和扭曲。不可否认，在工业化时代，看与听的东西较以往任何时代大大丰富，但文化产品以信息方式而不是以内容方式存在，因此，与其说是看与听的感知方式的革命，不如说是感知方式的退化。

就“看”而论，工业时代以前的“看”是主动的看，眼与心合二为一，“看”是对“看”的对象的精神触摸，“看”书就是“读”书，就是阅读理解，“看”是动态的、参与性的，是一种视觉思维，这种知觉经验是一种复杂的连接关系，是一种观看者与可见的世界的彼此进入。观看者赋予可见的世界以声音、景象和动感，“可见的”激发意象和隐喻，使观看者从想象和经验中衍生出丰富的意义。“看”融入体会、思索、想象、情感，观看者达到一种经验交流、一种高峰体验。但是看电影、看电视就不一样，眼睛是媒介，影视是眼睛的节目、是眼睛的艺术，影视既是对眼睛的解放，也是对观众自由想象的侵犯。在视觉文化下，看只是眼睛在游弋，捕捉变幻莫测的画面，“看”是被动的看，不由自主地陷入看的世界中，一切由看的事物驾驭和控制，是看的对象对视觉的驯服。“看”是旁观的、静态的，并以观看者的消逝为代价。观看者的生活兴趣中心从不可见的世界转向可见的世界，可见的世界是无需对话、无需思想的世界。这样，眼与心分离了，看不见的隐匿在看得见的后面。一方面，现实生活越来越与影视不可区分，艺术与现实生活的距离越来越小；另一方面，在看电视、看电影的过程中，“看”与“看”的对象的距离消失了。“看”的对象操纵着眼睛，“看”出来的东西只不过是影像而非事情本身，“看”的东西没有给观看者留下想象和反思的余地，这就消解了“看”与“看”的对象的审美距离。丹尼尔·贝尔一语中的：“声音和景象，尤其是后者，组织了美学，统率了观众。”

就“听”而论，生存论意义上是倾听消失。人在听觉文化下丧失了“听力”。“听”不能启导思，“听”离生存体认、离生命世界、离历史越来越远。一切为“听”而“听”，“听”到技术的脚步声越来越近，“听”到生活世界的喧嚣和躁动的声音；可“听”不到那些日益逼近的真理和可能性的声音，“听”不到那种深埋已久的理解的声音，并“沐浴在它们的光芒之中”。阿多诺认为：“音乐拜物教的直接结果是听力退化，这意味着人们越来越没有能力全神贯注于任何东西，只能享受最平庸的、被缩短和被改编的乐曲。”

4. 媚俗

在视听觉文化下，人与真正的审美理解和审美体验发生了疏离，在这一过程中，与文化产品的媚俗相一致，文化大众趋向媚俗，这是媚俗的人“凝视美化谎言的镜子的需要，被镜子中的自己的影像感动，流下喜悦的眼泪的需要”。

媚俗就是把流行功能的愚昧翻译成美丽而富于感情的语言，为了让大众通过文艺去消闲娱乐，就不得不降格以求，投其所好，由此催生出大量媚俗作品。这样，“大众媒介的美学就必然与媚俗沆瀣一气，而随着大众媒介日渐包围和渗透我们的生活，媚俗也成为我们的日常美学和道德标准”。电影是充满魅力的，荧屏是充满感性的，“肥皂剧”在进行无情的抒情，当人们把时间消磨在上面时，就不知不觉地格式化了一种生活方式、一种价值尺度和为人处事的态度。媚俗的大众审美趣味是在大众传播技术刺激下发展起来的，本质是群体性的和信息化的。

大众文化的功能信号唤起接收者的感觉和情绪，使人的心理打破常态的情感而活泼起来，最流行的需求包括按照广告来放松、娱乐、行动和消费，爱或恨别人所爱或所恨的东西，这些都是虚假的需求，流行需求总是处在轮替生灭之中。文化大众的媚俗的话语标志：时尚。“时尚”一旦被制造或发布，就能把同一种东西迅速传达给广大的人群，成为不同角落的个人在同一时间所共同承受的风格。在大众传播媒介的有意设计下，任何一种“时尚”都可以被媒介复制生产，“时尚”的流行，也就表示这种媒介控制的生活的无限繁殖。时尚主导生活，并使得人群对其具有强烈的依附性，“时尚”是现代人的一剂灵丹妙药。电影美化了年轻人崇拜的事物，并劝告中年男女要及时行乐：广告艺术突出商品的迷人魅力，小汽车被说成美满生活的象征，它的诱惑力无处不在。

“享乐主义的世界充斥着时装摄影、广告、电视和旅行。这是一个虚构的世界，人在其间过着期望的生活，追求即将出现而非现实存在的东西。”享乐意味着全身放松，头脑中什么也不想，忘记一切痛苦和忧伤。与享乐主义相适应的是文化工业产品，它将享受和消费等同于艺术欣赏，把艺术作品降低为仅具有娱乐价值的东西，将廉价、低级的感官刺激与文化元素塞进艺术，导致艺术庸俗化，庸俗化的文化消费方式又使人坠入物的诱惑和享乐中。文化工业产品缺乏紧张感、强度感，更多的是轻松感和诙谐的模仿。文化工业产品的更替就如走马灯似地进行，这隐藏了对相同的基本关系的复制，这种“基因”是作为整体的体系的基础。简化的公式被无限制重复，有损于任何真正的创新，但这同样满足了文化大众媚俗的审美趣味。

思考题

1. 如何看待“凡尔赛体”？
2. 如何理解“媒介即讯息”理论？
3. 简述全球媒介传播中的个体生存状态。

第四章　新媒体的应用

第一节　新媒体与政治

随着新媒体的发展和普及，新媒体的主体类型发生了很大的变化。网络为全民参与、互动提供了平台，使得每一个公民都可以成为政治生活的直接参与者，从而最大限度、最有效地保护了每一个公民自身的利益，为民主意识的彰显提供了技术上的支持。网络的发展改变了当今的政治形式。这就要求我们要不断地完善政治功能和渠道，更好地保障群众的知情权、参与权和监督权。

一、政务新媒体与网络问政

1. 定义

政务新媒体是移动互联网时代党和政府联系群众、服务群众、凝聚群众的重要渠道，是加快转变政府职能、建设服务型政府的重要手段，是引导网上舆论、构建清朗网络空间的重要阵地，是探索社会治理新模式、提高社会治理能力的重要途径。2018 年 12 月 27 日，国务院办公厅发布《关于推进政务新媒体健康有序发展的意见》，意见中所称的政务新媒体，是指各级行政机关、承担行政职能的事业单位及其内设机构在微博、微信等第三方平台上开设的政务账号或应用，以及自行开发建设的移动客户端等。

网络问政是新媒体政治的一种表现形式，是网络民主发展的必然结果。网络问政主要指政府、公民通过网络平台管理、交流或参与社会公共事务的活动。它有两层含义：一是政府问计于民，即政府官员通过网络了解舆情民意，汇聚民智，接受群众监督，改进工作，实现科学民主决策；二是公民问事于政府，即公民通过网络参与政府决策、发表政治见解，表达自己的利益诉求，寻求问题的解决，或行使法律赋予自己的权利。网络问政凸显了民主精神，成为中国公民行使知情权、参与权、表达权和监督权的重要渠道。它既有促进行政决策民主化、科学化等积极、正面的作用，又难以避免无序化发展运行的缺陷，是一个需要规范和引导的参政领域。

大数据时代，云计算成为社会经济发展的基础设施之一，在推动电子政务、政府公共服务、智慧化应用等方面成为关键因素。我国政府也成为云计算最为积极的实践者之一。

2. 网络问政的优势

与传统的政治参与方式不同，互联网是网络参政的基本工具和载体，互联网的互动性、开放性、平等性和虚拟性等特性，使网络问政呈现出以下优势特征。

(1)直接性。网络信息传递不受时空限制，任何人都可以通过网络直接发表意见，与当政者直接沟通，表达自己的政治观点和理念，并按照自己的意愿做出判断和选择。正如托夫勒夫妇所阐述的："为了应付信息社会的挑战，需要重新思考我们未来的政治生活，如非群体化开始增多，动员多数人变得越来越困难，而网络政治能解决这一问题。"

(2)平等性。互联网是一个既没有边界又没有中心的虚拟世界，参与者能摆脱现实权力和金钱关系的影响，这种去权威化的特点使得参政者享有平等的主体地位、平等的话语权、平等参与政治的机会和平等的网络权利等。

(3)高效性。网络的开放性和低成本性，使得网络参政几乎没有政治壁垒和经济壁垒，政治事件的发生、民众的意见、政治家的态度和政府决策等一系列与政治有关的内容，能迅速影响到决策层，推动问题的改进或者政策的出台。低成本、低门槛、高效率、高到达率，为民主机制的建立提供了以最低消耗创造最大效益的基本途径。

(4)监督性。基于网络主体的隐性化和规模化特征，网络参政的社会舆论压力往往能对政治系统起到很好的监督作用，尽管不具有实际的行动和法律效力，但这种参与网民认为具有很强的安全性。某事件一经发起，往往能够起到"一石激起千层浪"的效果，并在短时间内激发大规模网民的参与热情，形成超地域的舆论和情绪压力，促使政治系统对这种社会挫折来源作出应对，形成对网络政治参与的反馈。

开通政务新媒体是行政机关推进政务公开、开展网上服务、加强政民互动、强化政策解读的重要渠道。

3. 网络问政的弊端

新媒体反映民生也凸显民怨，它传递民情又集聚民惑，它彰显正义也加剧矛盾，它拷问公信也产生偏见，是一把"双刃剑"。

(1)不可控性。网络中不稳定的非正常因素较多、动态性较强，网络空间的虚拟性、匿名性特征往往会导致网络问政的不可控性。当黑客侵犯政府网站，盗用、滥用公民的个人信息，侵犯公民隐私，使公民的个人权利得不到保障，公正参政的意愿也就落空；或者是经济利益主体出于某种需要，利用技术和信息优势误导网络舆论，破坏网络参政的真实性、客观性、公正性；或者是网络参政的法制治理缺席，使得某些参政者将网络作为肆意妄为的平台，随意发表偏激言论，发泄对政府或他人的不满。

同时，在网络参与中，还存在"沉默的螺旋"效应。身份虚拟性、地域模糊性造成了网络政治参与的主体在现实中是难以明确的。在参与公共政策时，人们往往希望别人赞同自己的政策观点，自己的帖子点击率高，就欣喜地参与，并促使其向更大的范围扩散，而参政中的少数派则会倾向于保持沉默，最终导致事件非理性化发展，难以及时控制其活动或事件主体及其运行。

(2)不均衡性。贫富不均、技术差异等原因会造成网络参政机会的不平等，这些必然给网络民主带来难以克服的负面效应。有人会有意利用网络散布欺骗性信息，动用网络"媒子"炒作有政治目的的信息，在合法而民主的网络"公示"中渗入有利于本国倾向的内容，最终将别国诱引进自己设定的政治框架。

2018 年 3 月，外媒报道脸书公司 5000 万用户信息被第三方公司"剑桥分析"用于大数据分析，根据用户的兴趣特点、行为动态精准投放广告和资讯内容，甚至被怀疑利用数据预测用户政治倾向，成为间接影响总统大选的力量。

2020 年 8 月 24 日，浙江大学公共政策研究院、浙江省公共政策研究院联合发布《2020 年中国政府网络透明度指数评估报告》，该报告指出所谓政府网络透明度，就是公众通过互联网获取各类政府信息，与行政主体联系与交流，通过政府行政主体或者重要公务人员的网络行为、政府应付突发事件的网络表现等，了解政府信息开放程度、政民交互的亲民程度和突发事件处理中表现出来的智慧与技巧运用程度。

根据相关调查，2020 年政府网络透明度指数相比 2019 年，总体有进步。规定动作完成得比较好，自选动作完成较差。从强制性指标(政府信息公开)、约束性指标(公众参与)、自觉性指标(网络应对)的基本得分比例看，逐次降低，分别是信息公开类指标(85.32%)、公众参与类指标(69.20%)、网络应对类指标(58.01%)。从得分率上看，信用信息、政府采购、行政审批与处罚信息、环境保护信息、生产安全事故信息、食品药品安全信息、就业信息、政府数据开放平台、财政预算等信息的公开方面整体较好，得分率达到 90%以上。

二、我国国家政务新媒体发展

开通政务新媒体是行政机关推进政务公开、开展网上服务、加强政民互动、强化政策解读的重要渠道。《关于推进政务新媒体健康有序发展的意见》中提到，要加强功能建设，充分发挥政务新媒体传播速度快、用户面广、互动性强等优势，推进政务公开，强化解读回应；加强政民互动，创新社会治理；突出民生事项，优化掌上服务。

各类政府机构积极推进政务服务线上化，服务种类及人次均有显著提升；各地区各级政府"一网通办""异地可办""跨区通办"渐成趋势，"掌上办""指尖办"逐步成为政务服务标配，营商环境不断优化。政府网站域名的真实性、完整性、安全性关系着政府网站的可信性、权威性和安全性。为促进政府网站健康有序发展，2018年9月6日，国务院办公厅下发了《关于加强政府网站域名管理的通知》，要求各级政府网站域名今后统一成以".gov.cn"为后缀的英文域名和以".政务"为后缀的中文域名，不得再使用其他后缀的域名。不承担行政职能的事业单位原则上不得使用以".gov.cn"为后缀的英文域名。

2021年第47次《中国互联网络发展状况统计报告》显示，我国国家政务服务平台成效凸显。截至2020年12月，我国共有政府网站14444个，主要包括政府门户网站和部门网站。其中中国政府网1个，国务院部门及其内设、垂直管理机构共有政府网站894个；省级及以下行政单位共有政府网站13549个。国家政务服务平台实名注册用户1.26亿人，总计访问人数10.02亿人，总浏览量58.91亿次。联通32个地区和46个国务院部门，接入地方部门500多万项政务服务事项和1.1万项便民服务应用。

截至2020年12月，我国在线政务服务用户规模达8.43亿，占网民整体的85.3%。"互联网＋政务服务"成为我国数字化政府建设的强劲动力。各级政府积极打造"数字政府"，保障经济发展。全国一体化政务服务平台推出"健康码"，累计申领近9亿人，使用次数超过400亿人次，支撑全国绝大部分地区实现"一码通行"，成为大数据的重要创新。

政务服务覆盖范围全面拓展。按照全国统一规范，我国有31个省级政府已构建覆盖省、市、县三级以上的政务服务平台，其中21个地区已实现省、市、县、乡、村服务五级覆盖。全国31个省(区、市)及新疆生产建设兵团政务服务平台可以提供省本级1804个部门6类依申请政务服务事项52973项，比2018年增加了9676项，增幅达22.35%，政府部门网上政务服务的有效供给与企业群众需求不充分、不均衡的矛盾得到一定缓解。各行政级别政府网站共开通栏目数量29.8万个，主要包括信息公开、网上办事和政务动态三种类别，其中信息公开类栏目数量最多，为21.5万个，占比为72.1%；其次为网上办事栏目，占比为12.4%；政务动态类栏目数量占比为12.0%。全国一体化平台成为推动实现政务服务均等化和普惠化的重要手段。

2020 年，各行政级别政府网站首页文章更新量均有所增长，到 2020 年末总量达 2906 万篇。其中，县级政府网站首页文章更新量增幅最高，达 70.1%。

政务微博是具有中国特色的网络问政的一个体现。报告显示，截至 2020 年 12 月，经过新浪平台认证的政务机构微博达到 140837 个。各级政府共开通政务头条号 82958 个。各级政府共开通政务抖音号 26098 个。我国 31 个省（区、市）均开通政务抖音号。其中，开通政务抖音号数量最多的省份为山东，共开通 1586 个。经过微博平台认证的政务微博已达到 177437 个，其中政务机构官方微博 140837 个，公务人员微博 36600 个。

人民网舆情数据中心制作，微博提供数据支持的"2020 年上半年度政务微博影响力排行榜"发布，评价对象包括全国所有通过微博认证的机构官方微博，评价体系包括四个维度：传播力、服务力、互动力和认同度。旨在促进网络政务信息传播力、网络政务机构服务力和网络政务互动力的提升，数据统计周期为 2020 年 1 月 1 日至 2020 年 6 月 30 日。如"全国十大教育微博"中"中国大学生在线"位列第一；"全国十大博物馆微博"中"故宫博物院"位列第一。《2020 联合国电子政务调查报告》数据显示，2020 年中国电子政务发展指数为 0.7948，排名从 2018 年的第 65 位提升至全球第 45 位，达到全球电子政务发展"非常高"的水平。其中在线服务指数由全球第 34 位跃升至第 9 位，迈入全球领先行列。

2020 年 10 月，党的十九届五中全会审议通过了《中共中央关于制定国民经济和社会发展第十四个五年规划和二〇三五年远景目标的建议》，描绘了我国进入新发展阶段的发展蓝图。在"十四五"期间，政务微博仍应坚守政务新媒体的核心价值路径——"倾听—对话—服务"，发挥微博开放、动态、协同传播的特性，结合自身特征、优势和目标，打造创新高效团队，掌握切实可行、服务民生的运营方法论，把握政务微博倾听群众声音、平等与群众对话、真诚为群众服务的核心价值，发挥信息公开、舆论引导、治理创新、政群互动的重要桥梁和纽带作用。

三、国际新媒体政治发展

网络的发展改变了当今世界的政治生态。2019 年 8 月 26 日欧洲国际问题研究所外交与网络空间研究中心主任、英国前外交官肖恩·赖尔登表示："网络外交的重要性决不能受到忽视，各国外交官应更加积极地走进网络空间，参与到这种新型外交中。"清华大学社会科学学院副院长赵可金认为："当政治事件发生在网络空间时，现实空间政治的逻辑会发生变化，虽然技术相同，但是不同国家的不同行为体在网络的行为与目的不尽相同，也就有了不同的网络地缘政治文化，出现了全新意义的‘集体行动的逻辑’。”

英国于1994年开始电子政务建设，为了加快这一进程，英国政府从顶层设计高度上进行了全方位的规划与建设，比如：出台《政府现代化白皮书》《21世纪政府电子服务》《信息时代公共服务战略框架》等多份指导性文件；组建政府信息化领导小组和信息化办公室等领导机构，在全国范围内对电子政务建设工作进行统一、协调。

2020年新加坡竞选活动在网上举行，候选人纷纷争当网红。印度总理莫迪于2015年加入微博，微博账号认证是“印度共和国总理”，该账号在该平台上拥有24.4万粉丝。除了微博以外，莫迪还同时运营着推特、脸书、照片墙等其他社交平台，拥有数千万粉丝。此前，特朗普在与莫迪会面时曾称，他们二人都是善用社交媒体的领导人。2020年1月，印度政府以“国家安全”为由对包括微博在内的59款应用出台禁令。随后，印度总理莫迪注销其微博认证账号，并清空了原有的113条微博。随着马来西亚在5月10日举行的第七届总理宣誓就职仪式结束，该国的电商平台在线流量出现了大幅下滑，因为马来西亚人关注的是选举，而不是购物。2020年11月10日，法国总统马克龙在与德国总理默克尔等人举行视频会晤时指出，互联网和社交媒体是“自由空间”，但安全是自由的前提，必须打击网络上的涉恐内容和煽动仇恨的言论。美国大选前夕，推特完全禁止了政治广告，脸书在大选日前一周禁止新的政治广告，油管也宣布打击欺骗性广告。52%的人支持在选举周关闭社交媒体平台，79%的人表示，社交媒体公司应该“做更多的事情来保护民主”。推特2021年1月8日宣布永久停用了唐纳德·特朗普总统的账号。

美国的每一次大选都称得上是全民参与的政治狂欢秀，而媒体在其中扮演着至关重要的作用。在美国大选期间，不少西方媒体就曾报道亚历克斯·琼斯利用谷歌和脸书传播谎言和错误信息。这些谎言和错误信息不仅严重扰乱了美国社会，也让互联网成为特定政治势力的代理工具。现在，社交媒体已然成为主角。特朗普的个人推特账户拥有近8900万关注者，在脸书上有3500万粉丝。

第二节　新媒体与经济

近年来，随着5G商业化开启，大数据、云计算、物联网和人工智能等新一代信息技术迅猛发展，正在重新塑造经济运行的方式，不断催生新产业、新业态、新模式。以数据为关键生产要素的数字经济成为引领全球经济社会变革、推动我国经济高质量发展的重要引擎。数字经济带来的改变和影响主要体现在数字化消费、数字化生产、数字化网链、数字化配置。媒体发展数字经济是顺势而为，既是媒体融合的需要、转型发展的需要，也是自身优势的彰显。

一、数字经济的概念

数字经济是以数据为关键生产要素，以数字技术为核心驱动力，以现代信息网络为重要载体，通过数字技术与实体经济深度融合，不断提高数字化、网络化和智能化水平，加速重构经济发展与治理模式的新型经济形态，也是一个信息和商务活动都数字化的全新的社会政治和经济系统。

二、数字经济的特点

作为一种新的经济形态，数字经济呈现出不同于传统工业经济的特征。

1. 高成长性

数字经济的高成长性特点离不开梅特卡夫定律的支撑。梅特卡夫定律是3Com公司创始人，计算机网络先驱罗伯特·梅特卡夫提出的。其内容是“网络的价值等于网络节点数的平方，网络的价值与联网用户数的平方成正比”。每生产一单位的产品，其生产所费成本逐步减少。如数字音乐、视频等在开发时可能初始成本较高，但是在生产、复制和传播的过程中不占有实体物质资料成本、空间存储成本和物流成本，随着生产的增加，边际成本能够无限制地接近零，这种成本结构产生巨大的规模经济，使得其边际成本降低，价值增大。从总体上看，消费方面存在效用递增，即需求创造了新的需求。“拼多多”就是梅特卡夫定律在互联网中应用的典型案例。“拼多多”的商业模式是最简单直接的营销模式——拼团、砍价。通过拼团、砍价降级消费，用低价大量拉取客户，买家将APP推广给自己的亲戚、朋友、同事。短短5年，“拼多多”用户达近5亿人，42%的用户群体在四线及以下城市，市值高达近600亿美元。

网络游戏公司通常提供免费游戏，并通过游戏装备获取利润。所谓的装备，无需一片钢铁，或原子经济所需的存储空间和运输过程，只是一种虚拟的存在。传统的经济以原子经济为基础，而21世纪的比特经济，作为一种数字经济，能够大规模地生产和复制，能够满足长尾消费者的小众化、个性化和多元化的需求，为消费者节约精力和时间，同时为生产者带来了丰厚的利润。

在新闻报纸出版行业，即使收入在降低，但纸媒和在线新闻的读者人数仍有上升。新闻业需要鲜明的编辑观点和有吸引力的报道，如长篇的报道文章或能吸引大量点击率的内容。随着越来越多的新闻内容被转到在线平台，来自消费者的收入将超过来自广告商的收入，今后数字化新闻内容的增长将聚焦在移动端上。这一系列数据表明了新媒体经济的高成长性，这是一个真正的“朝阳行业”。

2. 高渗透性

数字经济的高渗透性已经并将进一步对产业链与价值链产生深远影响。数字经济在生产生活各个领域全面渗透，使信息服务业迅速向第一、第二产业扩张，出现三大产业相互融合的趋势。数字经济主要由数字产业化、产业数字化和数字化治理三大部分构成。产业数字化即传统产业应用数字技术带来生产数量和生产效率的提升，其新增产出构成数字经济的重要组成部分。产业数字化包括但不限于智慧农业、数字货币、工业互联网、智能制造、车联网、平台经济、两化（信息化、工业化）融合等融合型新产业新模式新业态。2019 年我国产业数字化增加值约为 28.8 万亿元，占 GDP 比重为 29.0%。其中，服务业、工业、农业数字经济渗透率分别为 37.8%、19.5%和 8.2%。数字化治理能力提升，数字政府建设加速推进政府治理从低效到高效、从被动到主动、从粗放到精准、从程序化反馈到快速灵活反应转变，新型智慧城市已经进入以人为本、成效导向、统筹集约、协同创新的新发展阶段。

数字经济在农业中可以体现在互联网与现代农业发展的深度融合，包括发展农业物联网、建设数字乡村、加快农业智慧化应用、加快生产经营数字化改造等。如建设智慧农业中心功能，推进农业数据资源共享，促进数字资源协同管理等。

数字经济还能提供电子商务、电子政务、电子公务、电子医务、电子教务等多种服务，在国民经济特别是服务经济中的贡献度不断提高，正在成为新世纪信息产业和经济发展的火车头。

以数字音乐为例，2019 年中国音乐产业数字收入市场规模达 753.4 亿元。数字音乐、在线 K 歌、音乐直播等多元模式持续加速整体商业化进程，未来有望形成千亿级市场。一般有以下驱动点：①平台侧，直播与短视频平台渗透率提升；②用户侧，用户与主播及关键意见领袖（KOL）间强信任关系与情感纽带建立；③技术侧，持续优化功能体验及打造智能物联硬件“声”态，数字收入将成为中国音乐产业发展核心助推器。

3. 高附加性

数字经济具有很高的价值附加性，数字经济附加价值量与其投入技术的尖端程度成正比，即越是高科技产品，其附加价值越高。如文化创意和设计服务业是一个能够创造出高附加值、高技术含量文化产品的相关行业，依靠创意人的智慧、技能，通过创意理念、高新技术和对知识产权的保护，对传统文化资源或现行文化资源进行再造与提升。2020 年 9 月 4 日，中国国际服务贸易交易会全球服务贸易峰会上的一大亮点便是文化附加值服务产品和文化娱乐数字产品创造巨大经济效益。在这次峰会上，中国图书进出口有限公司的数字资源交易与服务平台“易阅通”，其内容资源已销售至全球 86 个国家和地区的 900 多家机构用户。中国还是全球第二大网络游戏出口国，国际网络游戏的玩家们越来越痴迷于来自中国的网络游戏。目前，中国生产的网络游戏的海外营销收入达到了 115.9 亿美元。

以网络游戏为例，多人联机在线竞技游戏（Multiplayer Online Battle Arena Games，MOBA），是一款典型的免费游戏，基础玩家无须付费，即便高段位阶段购买道具也不会显著影响游戏的平衡性，一定程度上保证了参与游戏的公平性。MOBA游戏的盈利模式由道具购买、广告投放和组织竞赛构成。MOBA 游戏的收入主要来自玩家游戏内购买行为。据第三方市场调研公司（EEDAR）统计，MOBA 游戏中销售额占比最大的是皮肤。玩家在不同发展阶段，角色的全新形象、炫酷特效可以更大程度上满足其成就感，甚至使命感和价值感也会成倍上升。统计表明，41%的 MOBA 玩家会购买皮肤，单个玩家年平均支出达 24.9 美元。其次，解锁新英雄也占据了 MOBA 游戏 20%左右的营收。另外，MOBA 游戏特有的增加亲密度的道具、角色的新动作、经验加速等也有不菲的收入。游戏平台还可从网络广告中赚取丰厚的利润，从英雄联盟（LOL）与肯德基、雪弗莱等的合作，到王者荣耀与麦当劳合作，MOBA 游戏都显现出在广告市场的巨大潜力。MOBA 游戏还拥有其他游戏难以比拟的一系列成熟赛事。自 2003 年 11 月 18 日电子竞技被国家设定为第 99 项体育运动之后，国际上的三大赛事世界电子竞技大赛（WCG）、职业电子竞技联盟（CPL）、电子竞技世界杯（ESWC）都落户中国，MOBA 游戏商家不但通过比赛获得巨大收益，而且大力提升了品牌知名度，扩大了市场占有份额。MOBA 游戏全新的低消费模式强有力地促进了游戏在各类新媒体社交平台上的互相分享，使MOBA游戏更容易传播。

数字经济还具有很强的外部性、公共性和共享性，新媒体经济是以因特网为龙头的信息技术为媒体经济带来的一场产业革命。其中通讯社、报刊、广播、电视和网络等媒体将在先进的信息技术基础上进行产业内融合，同时与电子商务、电子政务、电子公务、电子医务、电子教务等形成全新的产业群落。这些新型产业、新型业态的影响力和辐射力正在不断增强，在国民经济特别是服务经济中的贡献度不断提高。

三、新媒体的盈利模式

1.“免费＋广告”模式

这种盈利模式提供免费阅读与使用，提供免费游戏，在游戏中嵌入广告，靠广告收入来盈利。脸书广告通过多方位定位受众，找到目标客户及客户群，利用多种广告形式扩大覆盖范围，快速、有效地找到更多目标人群。谷歌广告依托“PC＋移动”低投入、高产出，图片和视频双重曝光，覆盖全世界 200 个国家和地区，快速引流，询盘翻倍。

网络广告是新媒体实现盈利的基本模式。搜索引擎、视频网站、社交媒体及一些微信公众号类的自媒体等新媒体平台都为网民提供免费阅读与使用，虽然门户网站也有个别收费服务项目，如收费的VIP邮箱，但也提供基本的免费阅读和使用功能。进入移动互联网时代后，具有更好广告投放效果的社交广告和智能推荐广告的变现方式，受到移动广告商家的青睐。

(1)网络广告的主要类型。

①横幅广告。横幅广告是以GIF、JPG、Flash等格式建立的图像文件，定位在网页中，同时还可以使用Java等语言使其产生交互性，用冲击波(Shockwave)等插件工具增强其表现力，大多用来表现广告内容。横幅广告包括标语广告、通栏广告、巨幅广告等。

②文本链接广告。文本链接广告是一行文字作为一个广告，点击进入相应的广告页面。这是一种最简单、对浏览者干扰最少，但却比较有效果的网络广告形式。

③电子邮件广告。电子邮件广告是指通过互联网将广告发到用户电子邮箱的网络广告形式，它传播面广，信息量大，类似于直邮广告。电子邮件广告针对性强，可以针对具体某个人发送特定的广告，为其他网络广告方式所不及。

④插播式广告。插播式广告指用户在登录网页时强制插入的广告页面或弹出的广告窗口，又称为过渡页广告。这类广告类似电视广告，都是打断正常节目的播放，强迫观看。插播式广告有各种尺寸，而且互动程度不同。用户可以关闭窗口不看广告，但是它们的出现没有任何提示，一定会被用户看到。

⑤富媒体广告。在互联网发展初期，网络广告主要以文本和低质量的图片格式为主。随着互联网的普及和技术的进步，出现了具有声音、图像和文字的多媒体组合的媒体形式，人们普遍把这些媒介形式的组合称为富媒体，以技术设计的广告被称为富媒体广告。富媒体广告形式多样、内容丰富、影响力强，但通常成本比较高。

⑥视频广告。视频广告是通过网络视频的发展而兴起的一种广告形式。它的表现手法类似于传统的电视广告，都是在正常的视频节目中插入广告片段。例如，在节目开始之前或节目结束之后播放广告视频。与插播式广告一样，它也是一种迫使用户观看的广告形式，但它比前者更友好。

⑦搜索引擎竞价广告。随着人工智能技术的发展，垂直细分领域对人工智能的应用有助于将信息深入转化为线上、线下的服务，搜索引擎在垂直场景的生活服务的价值进一步延伸；同时，通过人工智能连接垂直的生活服务场景，形成数据应

用闭环,技术能力将进一步提升。目前,搜索引擎广告投放已成为主流的广告投放渠道之一。竞价是搜索引擎广告的主要形式。这是一种根据最高支付原则对购买相同关键字的网站进行排名的方法。拍卖排名最重要的特征是按点击付费。如果用户没有点击,则不收取广告费。在同一关键词广告中,单次点击出价最高的广告排列在第一位,其他位置按照广告主出价不同,从高到低依次排队。百度、谷歌等搜索引擎以其精准化传播得到广告主的青睐。

(2)新媒体广告市场发育。从媒介展示广告到搜索广告,再到社交广告,互联网市场永远不缺乏新的广告模式。相比传统广告,社交广告已经进入生态繁荣、渠道下沉、用户激增的新时期,发展迅速,还推动了生态伙伴的崛起,正成为业内主流广告形式,并折射出行业投放热点。随着短视频吸引更大的用户群体和更长的用户花费时间,广告主也将进一步将传统线上广告营销转向短视频平台,短视频广告收入挤占在线视频市场份额。招商证券分析认为,短视频具有社交属性、展示性及汇聚用户人群和流量池的特质,成为绝佳的广告和营销窗口,品牌方和电商平台正涌入短视频浪潮分享红利。未来短视频行业广告营销收入将会进一步扩大。

以腾讯广告平台为例。微信广告是基于微信生态体系,整合朋友圈、公众号、小程序等多重资源,结合用户社交、阅读和生活场景,利用专业数据算法打造的社交营销推广平台。微信拥有超过 11 亿月活跃用户,可以帮助广告主实现海量品牌曝光,传递品牌文化,强化品牌形象,并配合精准定向,让更多用户参与品牌活动,实现品效合一。朋友圈广告以类似朋友的原创内容形式在用户朋友圈进行展示的原生广告,通过整合亿级优质用户流量,朋友圈广告为广告主提供了特殊的互联网社交推广营销平台;公众号广告是基于微信公众平台生态,以类似公众号文章内容的形式,在文章底部、文章中部、互选广告和视频贴片等广告资源位进行展示的内容广告;小程序广告是一个基于微信公众平台生态,利用专业数据处理算法实现成本可控、效益可观、精准触达的广告投放系统。比如,2020 年暑期,大众游玩热情高涨,携程旅行的投放费用达到 2033 万元。目前互联网企业也在加速电商布局,推动业务增长,延展变现边界。

腾讯 QQ 广告基于海量用户社交关系,用黑科技和多元玩法赋能品牌在社交、运动、购物、游戏等场景中与用户深度互动。腾讯 QQ 广告可以支持人群属性标签、基于位置服务(LBS)、场景定向等多种灵活、精准的人群触达方式,是适用于移动应用下载、电商购买、品牌活动、门店推广等多种广告目标的原生社交广告;QQ 空间广告出现在用户的好友动态中,是一种融入用户互联网术语中的原生社交广告,拥有用户天然、无违和感的关注,非常适合品牌在社交场景中与用户,沟通。

腾讯视频广告是领先的在线视频媒体平台,月度活跃用户超过 5 亿。广告以原生形式出现在娱乐化流量场景中，精准触达用户，影响用户对品牌的感知。

腾讯新闻广告为业界领先的新闻资讯平台，月活跃用户超过 2.88 亿。广告原生出现于资讯信息流中，依据用户属性、历史浏览行为、兴趣偏好等精准投放。

根据前瞻产业研究院发布的 2019 年中国户外广告行业市场现状及趋势分析：户外或将成为未来广告最大的流量入口，户外广告表现形式多样化，户外广告市场增长较快，传统户外广告增长乏力，数字户外广告快速增长；新一线、二三线城市成为户外广告新市场；短视频也逐渐成为各大广告主营销的重要渠道。广告主喜爱在剧情、搞笑、美妆等短视频上投放广告。

2. 收费模式

在日趋激烈的社会竞争环境下，人们利用碎片化时间在线学习各种知识、技能的需求越来越明显。实行收费模式的前提是提供的信息或服务必须具有不可替代性。①适当收取阅读费。这些信息或服务往往具有权威性或不可替代性，代表者是《华尔街日报》网站、汉和情报评论，以及各类数据库，如中国学术期刊网、美国 Dialog 系统等。②免费与收费相结合，实行差别服务，许多学术期刊的网络版把免费内容（目录、摘要）放到网上，供读者免费浏览，但是要看全部内容则需要注册交费。有不少网络报纸对用户在网上检索其资料，采取的是分级控制的方式，或对阅读当天或一周内的新闻实行免费策略，检索以往新闻或其他数据库则需要收费。凤凰网则是对阅读文字新闻实行免费策略，对多媒体视频采取收费制。不少商业性门户网站对电子邮件实行收费与免费相结合，进行差别服务。③知识付费内容符合目前快节奏生活中用户群体对于学习提升的需求，具有一定刚需性。随着内容类型更加丰富、布局平台增多，其能够覆盖的用户群体也将扩大。付费下载提供网络游戏、应用软件、电子图书。现在越来越多的电子图书、软件、游戏可提供付费从网上商店下载，如 App Store。

目前，中国知识付费行业已发展出丰富的产品形态，包括视频、音频、直播、图文等有偿阅读使用。自媒体平台通过内容产品盈利的最直接方式就是“付费订阅”和“用户打赏”功能，后续内容由作者自行决定何时转为付费，采用单篇付费的形式。豆瓣平台收取 30%的平台费，作者获得净收益的 70%，而清博大数据则是用户要在充值之后才能享受清博大数据实时监控的数据，同时会员制度也是在此种情况下的一种营利模式。用户根据自己的意愿及网页的提升，通过提供详细信息注册成会员，网站提供不同会员享受不同级别的内容产品。

近年来，由于资本对知识市场的青睐及互联网思维加速推进媒介样态革新，使得“知识变现”真正落地。2016 年被称为知识付费元年。2016 年果壳网推出的一分钟语音知识付费 APP——“分答”，并邀请各行各业答主入驻分答付费语音平台，回答各类问题。一经上线，就在没有任何大型推广的前提下，在朋友圈以口碑广泛传播，成功为知识付费时代拉开了大幕。我国知识付费用户规模保持平稳增长态势，2020 年增长至 4.18 亿人次。艾媒咨询分析师认为，不断提升的互联网覆盖率及不断扩大的智能手机用户规模，为知识付费行业发展提供设备基础。近年来，大众愈发重视自我知识涉及的宽度及深度，人们对知识付费的接受度和认可度不断提升，中国知识付费用户规模将会进一步扩大。

根据知乎平台宣布，截至 2020 年 2 月底，知乎平台的付费用户数量比 2019 年同期增长 4 倍。2019 年 3 月，知乎上线"盐选会员"，定位为社区的高质量数字阅读平台。目前，知乎为用户提供了超过 5.7 万个知识服务产品，包括 2000 多场盐选专栏、近 1 万场知乎 Live、3.4 万本优质电子书和讲书，以及共计约 1.1 万本国内外一线杂志。

进入移动互联网时代，随着消费升级和终身学习的趋势，国家在宏观层面严厉打击盗版的版权生态环境的优化及新媒体的付费从内容付费发展到周边产品付费。新媒体知识付费及其衍生收入模式逐步发展成为移动社交型知识性内容产品的另一种新兴的收入模式。

3. 长尾增值

长尾理论是伴随着 Web2.0 兴起的一种新理论，由美国《连线》杂志主编克里斯·安德森于 2004 年 10 月提出。长尾理论指出："只要存储和流通的渠道足够大，且商品成本急剧下降以至于个人都能进行生产时，需求不旺或销量不佳的产品所共同占据的市场份额可以和那些少数热销产品所占据的市场份额相匹敌甚至更大。简单地说，就是众多小市场汇聚成可以与主流大市场相匹敌的市场能量。"

克里斯·安德森将人们需求集中的市场称为"头部"，将那些小量、零散、个性化的非流行市场称为"尾部"。在互联网时代，因为海量信息呈现在人们面前，并且可以被方便地检索，人们关注的成本大大降低，可以很方便地关注到"尾部"，"尾部"产生的效益甚至会超过"头部"，长尾的意义正在于将所有非流行的市场累加起来，形成一个比流行市场还大的市场。长尾产品或服务通常具有较高的使用价值，如知识。

在长尾市场，商品储存展示的场地和渠道足够宽，以前看似需求极低的商品都有购买者；商业和文化的未来不再只盯着传统需求曲线那个代表"畅销商品"的"头部"，还有代表"冷门商品"而经常被人遗忘的长尾。屈居于冷门市场长尾部的数百万款 APP 是开发者为互联网特殊人群打造的个性化产品，它们满足了用户的部分需求。在亚马逊网上书店，畅销书的销量并没有占到 80%以上。非畅销书反而由于积少成多占据了销量的一半以上。任何一本冷门的书，互联网的另一端都会有一位潜在的需求者。

在长尾理论的应用中，亚马逊是一个成功的案例。虚拟的书店由于没有实体的书架，所以可以在理论上容纳超过全球所有图书馆的书籍。只要你有需求，便能找到想要的图书，这在传统书店里是不可能实现的。谷歌是一个比较典型的案例，其成长历程就是把广告商和出版商的“长尾”商业化的过程。它面向的客户是数以百万计的中小型网站和个人。对于普通的媒体和广告商而言，这类群体的价值微小，不值一提，但谷歌通过为其提供个性化定制的广告服务，将这些数量众多的群体汇集起来，形成了非常可观的经济利润。

长尾理论具有如下特点：

①长尾理论是蓝海战略的延续，其基本原理是积少成多创造市场规模。蓝海，指的是未知的市场空间，但却蕴含着巨大利润高速增长机会的新兴市场。蓝海战略的基本原理是价值创新，通过创造市场规则挖掘传统市场边界之外的潜在需求，提供个性化产品和服务。长尾价值重构的目的是满足个性需求，通过创意和网络提供更具价值的内容、更个性化的产品，在得到人们认同的同时激发人们的隐性需求，从而开创一种不同于传统大众市场的、面向细分市场的、个性化的商业经营模式。长尾市场是对以往需求方规模经济的扩展，在理论和实践上更新了微观经济学的一些传统观点和方法，在新环境下指导市场执行者获取真正的效益。

②长尾理论边际成本递减和边际效应递增。长尾理论采用定制模式满足众多小市场，实现经济的规模性并获得内生式增长。首先，初始固定投入高，而边际投入低，边际成本递减；其次，力争借助数字编码化，降低营销成本，实现销售零成本，有效提高长尾市场的流动性。

长尾产品的定价具有“外在性”，一种商品或服务的价格随着用户数量的增加而剧增，而这种价格的剧增反过来又吸引了更多的用户，如名牌消费、信用消费、网络消费等，从而产生了多重效益。这完全不同于传统经济价格决定需求，商品价格越高，需求越少的特征。随着生活节奏越来越快，人们追求快乐至上的诉求越来越强烈，长尾产品的许多效用创新往往是针对消费者的心理需求或社会需求，保持了与众不同的差异性，给人们以焕然一新的感受，不断提高消费者的满意程度。

③长尾理论是范围经济与规模经济的完美结合。首先，在长尾市场中，消费者更多关心的是效用价值，而不是价格。长尾的范围经济不限于同一个企业内部，可以是产业集群，可以是非地域性的全球协作，也可以是差异化经济、个性化经济、创

意经济等异质性的经济。长尾理论引导用户探索，通过用户的个性化需求拉动产品消费。其次，长尾理论认为生产者更关心的是产品成本的多与少，而不是价格的高与低。成本越低，则供给越多，反之，成本越高，则供给越少，二者呈反比关系。当长尾产品需求增加时，生产将具有更高的效率和更高的报酬，效率提高导致价格降低，从而创造更高的需求，更高的需求又创造更高的供给，这是一种正向回馈经济，即消费越多，需求越大。在长尾市场里，长尾理论通过在大众化产品之外提供众多的个性化定制，区别对待每一个客户，体现了个性化与差异化的产品供给下的规模效应。

长尾理论存在于各行各业中，提供尽量齐全的商品种类，以降低价格门槛，制造小额消费者并控制好成本，例如物流成本、库存成本、客服成本等，为每一种合适的产品找到买主。所以，长尾理论在应用时要注意以下事项：①长尾理论应适用于采取窄而深商品结构的专业商店；②应用长尾理论不能忽视可能带来的成本增加因素；③商品经营者仍然需要关注热销商品。

4. 数据画像

数据画像就是根据用户的静态基本属性和动态行为数据，来构建一个可标签化的用户模型。静态属性包括个人基本信息（地域、年龄、性别、婚姻）、家庭信息、工作信息等。动态行为则包括购买行为、点击行为、浏览、评论行为、营销活动参与行为、退换货行为、支付行为等。利用大数据进行用户画像的核心是为了后续有针对性的二次销售。当我们想要组织一次精准的针对性营销时，首先要确定的是营销的用户群体，那么就要利用大数据来精准定位这个群体。

大数据时代，消费的最主要特点就是用户的所有消费个性，都可以通过历史数据的分析进行精准的概括。新媒体是基于网络大数据生存的，大数据对新媒体用户的点击或下载，都有很明确的数据库，通过数据库中的相关大数据，对用户进行消费个性画像，就可以从历史的消费者群中，甄选出对媒体有着更高忠诚度的用户，进而向这部分用户进行升级后产品的二次精准销售。现在很多小微企业，在运营上并没有强大的资金量来支撑企业做很多曝光性的广告，在很大程度上，这部分企业主要是通过老用户的再次消费来维持运作及获得盈利。小微企业通过数据画像、建立用户群、定期维护老用户，通过这部分老用户的再次消费及人际口碑传播来获得利润。

例如，作为国内互联网巨头之一的腾讯，开发了一个社交体系的平台型广告投放系统——腾讯广告（原名广点通），通过这个系统就可以进行数据的精准配对。腾讯广告平台拥有覆盖超过 11 亿网民的微信、QQ、QQ 空间社交用户场景，月活超过 5 亿的腾讯视频，国内安卓用户覆盖第一的应用宝和 QQ 浏览器、腾讯新闻、天天快报、腾讯体育等行业领先的新闻资讯平台，此外，还包括汇聚行业优质流量的优量广告。腾讯为用户提供了众多广告定向条件，用户可以从中选择适合达成商业目标的条件锁定人群。这些条件包括人口属性、商业兴趣、地理位置、使用设备、天气环境等。例如，腾讯广告基于对QQ空间的用户进行数据分析，确定对红米手机感兴趣的用户，再向他们推送红米的活动。精准配对下的用户又会点击关注红米的认证空间，同时分享到好友圈里，直接用户的二次口碑传播，实现了倍增的曝光效果和提高目标人群的参与度。在第一轮“红米”促销结束后，QQ空间能够发出对此次购买红米手机的客户的性别、年龄及地区的数据统计，并把这些数据反馈给小米公司，让小米公司在下一轮的活动中进行更精准的营销。在信息大爆炸的时代，数据画像能为我们过滤掉超载的信息，找到有价值的营销信息。数据画像在无形中改变了商业的传统模式，创造了更大的经济效益。

三、新媒体盈利模式的主要特色

(1)与传统媒体相比，新媒体产品的虚拟性及产品的边际成本几乎为零的特点使其经济基础呈现出一定的独特性。首先，新媒体产品的用户规模必须以用户流量为前提，广告主的广告费、商户的佣金和用户的打赏、付费等营收的多少，都取决于用户流量；其次，新媒体产品的用户使用体验决定了新媒体用户的使用黏性，如果体验感不好，用户可能就会卸载该产品的APP。

(2)与传统电脑端相比，移动智能终端新媒体的盈利模式是基础服务免费与优质内容或增值服务收费并存的格局，但仍然以用户流量和用户黏性为经济基础。

(3)与“互联网上半场”相比，“互联网下半场”的新媒体盈利模式更强调通过差异化和创新性提升用户黏性，以用户黏性进一步拓展用户规模，强调产品与服务并重；在免费获取用户规模的基础上，拓展以优质内容或增值服务为主的付费业务；以用户黏性为生存法则，以垂直细分类互联网内容(服务)为代表，强调“头部”(规模化综合类)与“长尾”(垂直细分类)并重。

第三节　新媒体与文化

一、新媒体文化的特点

新媒体文化的迅猛发展使其成为社会文化生活的重要组成部分，大量用户自创内容的出现推动了新媒体文化的多元化发展。在此基础上，新媒体对社会文化的渗透机制逐渐演变成一种协作的创新体系，呈现出多样化的形态。

1. 文化样式的多样性

新媒体文化样式的多样性发源于其技术的多媒体化。这种“多媒体最重要的特征，是多媒体在其领域里以各种各样的形式，容纳了绝大多数的文化表现。它们的降临形同终结了视听媒介与印刷媒介、通俗文化与精英文化、娱乐与信息、教育与宣传之间的分隔甚至是区别”。从新媒体的媒介属性来看，新媒体的文化样式主要分为以下三种。

(1)网络文化样式。随着 Web2.0 技术的全面应用，以往仅以网页形式呈现的网络文化又涌现出了博客、播客、电子杂志等新形式，在网络信息技术基础上形成的这种富有精神性的文化形态，开始呈现出多样的文化态势，如博客文化、播客文化、维客文化等。无论形式如何多样变化，从广义上说，网络文化都是指借助计算机网络所发生的政治、经济、军事、社会、学术、文学艺术、娱乐等广泛的社会文化活动。而从狭义上说，包括在计算机互联网上进行的教育、宣传、文学艺术，娱乐等侧重人文精神的文化活动。作为新媒体文化重要组成部分的网络文化，不仅是人、信息、文化三位一体的产物，也是人类社会发展的产物。与传统媒介一样，网络文化承载着传递知识、信息服务、宣传教育、娱乐消遣、舆论引导等功能，而商业功能较之以往更突显，市场管理、产业价值的实现成为网络文化的附属标签之一。

(2)新媒体影视文化样式。新媒体技术也影响了文化内容，出现了新的制作方式，所以有了 3D 电影、高清电视、家庭录影制作室等新媒体影视文化样式。此外也出现了一些新的文化产品，比如专门为手机、平板等制作的视频。

尽管在影音质量、类型拓展、人才培养等方面，新媒体影视还存在着无法跟传统影视媲美的劣势，但新媒体影视必定将为更多有志于电影和影像的个体提供表达自己和成就自己的机会，也将为网络用户带来新的内容。如知名视频网站优酷推出的“11 度青春系列电影”短片，颠覆了以往网络原创短片定义，充分发挥了视频应用的互动性、传播性、娱乐性等特点，推出影视综艺产品，更具观赏性，符合网络传播的特色。

伴随着广电局“三网融合”工程的全面铺开和影视新媒体化的推进，新媒体影视文化成为新媒体文化的一员。相较传统影视文化，新媒体影视文化最大的不同在于其直接互动性和用户自主选择性，这也决定了它是一种新兴的、分众的文化。

(3)手机文化样式。手机文化传播的渗透性强，在于手机作为全新业务的新媒体已经实现移动电话媒介身份的突破，正在以人的随身独立信息终端的存在演绎麦克卢汉的观点：媒介的发展史同时也是人的感官能力由“统合—分化—再统合”发展的历史。这一过程也是人体的信息功能日益向外拓展的过程。可以说，手机媒体的出现是已有的多种媒介形态相互融合、演进的结果。互联网可以看作手机媒体化过程中的资源基石和支撑。

手机功能的更新是科技发展、社会发展的必然。手机也从纯粹的文本短信发展到可以下载图片、铃声、彩信、多媒体短信，从定制手机服务信息、手机报到通过4G、5G手机点播电视节目、上网冲浪，一部手机拥有了照相机、摄像机、录音机、广播、电视、地图、银行等功能，手机一族通过这种信息化的商品，将自身从只会发文字信息的大众中脱离开来，引领着手机文化的时尚潮流。如短视频平台发起的中华优秀传统文化相关话题，可以有效推动泛娱乐社交平台向更广阔的文化内容领域拓展和深耕，参与者亲近优秀传统文化，增强文化自信，增进文化认同。

2. 文化功能的多重性

(1)平等性。多种新媒体文化样式的出现，极大地丰富了人们的日常生活。网民不仅可以通过手机来观看电视节目或者阅读新闻；还可以通过网络对事件发表个人观点，或者通过网络视频点播个人喜欢的文娱节目；也可以在数字电视平台上选择付费电视节目，参与游戏、点播歌舞等。在多重文化样式交互结合时，所谓的大众与精英、文教与娱乐都被置于一个平等的平台上。

(2)兼容性。新媒体文化功能的多重包容还表现在娱乐功能与教育引导、公益传播功能的兼容。网民们的恶搞视频或调侃式言论，票选“网络红人”或手机“拇指一族”中创造的搞笑信息传播等娱乐表现形式，似乎将新媒体文化的娱乐功能充分地挖掘出来。同时，新媒体文化在传递信息、教育引导、公益传播、文化交流等方面，也展示出自身的魅力。

(3)二重性。新媒体文化产品具有信息产品的属性，这种属性可以划分为商业性与非商业性。作为提供给用户和广告商的信息商品，新媒体文化产品毫无疑问地具有商品性；但新媒体文化同时具有公益性和宣传教育功能，这就决定了其具有非商业性，比如新闻网站、手机彩信、手机报、IPTV等传播的国家政策、思想讨论、政治立场、公益宣传、天气预报都是无偿共享的。

3. 新流行文化的出现

(1)草根文化。草根文化生于民间、长于民间，没有经过主流意识的疏导和规范，没有经过文化精英的加工改造，属于在一定时期内由一些特殊的群体、在生活中形成的一种特殊的文化潮流现象，具有平民文化的特质，属于一种没有特定规律和标准可循的社会文化现象，是一种动态的、可变的文化现象。舆论研究学者喻国明说：“平台和载体的特性对文化本身的原生性有着重要的支撑或是限制作用。在传统媒介通道和容量有限的情况下，出现具有官方认同基因的一元化、专业化、单纯的精英文化是一种必然；而展现原生态魅力、内容丰富多样化、另类、边缘、强调个性化基因的草根文化则由于缺少平台，必然处于压抑、萎缩和发展状态。”

①新媒体为草根文化的兴起提供了平台。新媒体为草根阶层提供了越来越优化的展示平台，从最初的 BBS 到今天的贴吧、博客、微博，从原始的 Flash 动画到时下流行的原创视频，再加上即时通信工具的不断发展，以及搜索工具的出现，草根文化突破渠道的藩篱盛行开来。安迪·沃霍尔曾经预言“在将来，每个人都能成为 5 分钟的名人”。如今，他的预言已经成为现实，草根英雄、大众、网络、媒体正在互相推波助澜。在娱乐名义之下，正在生动地演绎着一场草根文化的大狂欢。

②草根阶层的发展推动了草根文化的兴起。在中国，因为人数上的优势，十多亿人口中的绝大多数都是普通大众，这对于草根文化的迅速崛起有着很大的推动作用，就是因为有了这样一个巨大的市场，这样一种潮流才会越来越流行。

③草根文化的娱乐性与对抗性。“草根”已经从最初个别的文化现象逐渐积淀下来，形成稳固的力量，开创了新的文化格局。这种文化形态的产生非常符合中国大多数民众的心理状态，“底层、弱势、平民”是它的特点，而随着时代的发展，草根们需要被更多关注，这种强劲的平民之风正在越刮越烈，大大补充了主流文化，从而使新文化的外延更加丰富。

④草根文化的民粹性和社会性。当互联网赋予草根阶层一个无比宽广的交流平台时，草根文化就面临着一个不容回避的问题，即如何在理性道德观的约束下自由行使话语权，适度担负起对社会的各种责任，防止出现文化民粹主义倾向。因为草根文化往往视普通百姓为积极的快乐追求者，全盘信任他们判断的合理性，对普通大众在特定情况下通常会出现的某种非理性的、情绪性的共识也盲目顺从。

(2)网络消费文化。消费文化并非孤立地存在，而是全球化进程中的文化现象，是西方消费文化思潮直接影响的结果。消费文化作为文化的一种类型，可以理解为“一种因预期而生成的共同信念或规范”。尽管它的研究起源于经济学领域，但它同样关乎社会学、心理学、传播学和伦理学等众多学科领域，与社会生活的方方面面都有关系。

以新媒体作为催化剂。随着经济的发展、技术的进步，当今社会的消费文化与新媒体正在走向共谋。新媒体通过源源不断生产出的各种符号，持续刺激着人们的物质欲望，引诱人们接受各种消费文化的传播形态，使人们体验各种消费主义的快感。网络消费文化是一种依靠新媒体技术上的数字化与传播上的互动性，传递人际间数字化信息及自身个性化因素与复合观念的媒介文化，它包含在媒介文化之中，是媒介文化的一种新表现和新拓展。

网络消费文化是人类共同需要的文化产品，跟其他许多文化形态一样，是建立在物质基础上的消费文化形态，这种消费文化又与网络所有上下游厂商及消费者相联系、消费衍生出网络消费文化产业和商业，包括网上购物、网络游戏、网吧、网络动漫、在线点播、网络聊天视频、网络培训、网络教育等内容。

网络消费文化的第一个特征:个性化。网络消费文化是与消费个性化相结合的文化,它的发展构成了网络消费文化的一大特色。网络为人们的个性化发展提供了前所未有的空间与平台,只要有一台可以上网的电脑,消费者就可以根据个人的兴趣、爱好挑选自己喜欢的产品,搜索加工、发布烙上个性化印痕的信息,选择交流伙伴。在网络世界中,网络消费者足不出户即可实现对各类精神文化产品与精神文化性服务的占有、欣赏和使用,使人们在网络消费过程中的愉悦功能得以发挥,享受个性化消费的乐趣。

网络世界拓宽了私人空间,也使公共领域的权力结构发生了变化。网络交往的高度随意性与隐匿性决定网络主体可以"随心所欲"地进行交易活动,这无疑强化了消费的个人选择和知识创新。从一定意义上说,网络消费使人变得更自由、更富有个性和智慧。当然,对网民而言,能够自由自在地消费,那将是一件相当愉悦和幸福的事情。但可以选择的信息越多便越难作出选择,这也给网络消费者的消费决策带来了难度,并促使其提高信息消费能力。

网络消费文化的第二个特征:便捷性。网络消费文化导致消费观念的转化,体现了超强的跨时空性。数字化网络所产生的知识经济合力,缩短了生产和消费之间的距离,使网上消费变得更加直接,更容易使买卖双方能在一种近乎面对面的、休闲的气氛中达成交换的目的。同时,由于网络消费不受时间和空间限制,消费者可以随时随地端坐在电脑前,以自己最舒服、最灵活、最自由的方式进行各种消费。

在网络上,消费者通过网络图片、顾客评价等信息,可以对将要消费对象的把握更直观、更形象,同时网络的快捷、及时、无边界传输和极庞大的信息量使得消费者更容易获得有关消费的信息,这些都极大地提高了消费者所欲消费的准确性和有效性。

网络消费文化的第三个特征:互动性。在网络消费文化中,信息传递从单向走向双向、多向互动交流;用户参与性增强,将用户从被动的接受者变成主动的参与者。消费者可与企业展开富有意义的交流,企业通过聆听消费者的回应,可以迅速、准确、个性化地获得信息,连同网上监测机制提供的数据、网络浏览路径、点击后行为等分析,可以勾勒出较清晰的个别消费者图像,然后可以将这些宝贵的关于目标消费者的个人信息集成资料库;消费者在获得发言机会的同时,还可以作为特定的目标获得量身定做个性化的信息,从而得到更好的服务。

网络消费文化的互动性特征导致消费价值观念的转化,人们对物质的关注,尤其是对精神享受的获取,成为网络消费中最吸引人的热点与焦点。在网络消费中,人的尊严往往得到充分的尊重,人的心灵和价值得到最大的关注,心理或情感上得到满足，产生愉悦心理情感反应，充分体会到“顾客就是上帝”的购物享受。

网络消费文化的不良影响。当今网络消费文化出现了泛娱乐化倾向，张扬感官满足，忽视历史与社会意识，有些网络消费主体缺少人文理性，出现网络消费主体对感官满足效果产生依赖与迷恋，网络消费主体的文化心理和文化价值取向出现偏失等现象，这很值得注意。

(3)网络流行语。语言并不是一成不变的，古人常用的“之乎者也”到现代，无论是书面还是日常生活都不怎么会用到。现代的流行词更像一锅大杂烩，有谐音的“集美”(姐妹)，有拼音数字简写“u1s1”(有一说一)，有中西结合的“duck不必”(大可不必)，有概括性的“爷青结”(爷的青春结束了)“爷青回”等，极大地丰富了我们的词汇库。

流行语反映着时代变迁和社会脉搏，但并不意味着它就是时代的全部，它只是反映了时代的某些侧面。一句流行语能否被大众流传并长期留存，在于它对自身反映的社会生活是否具有长期影响以及它在语言系统里是否具有不可替代性。例如流传至今的俗语“长江后浪推前浪”，被现代提炼、重新解读为“后浪”，这是一种语言的自然演变，也是一种传承。

值得注意的是，在互联网时代，网络语言盛行。从不同机构发布的年度流行语来看，网络用语的占比较大。教育部发布《中国语言生活状况报告(2020)》指出，网络语言经历了从舶来品到本土化的发展路径；它呈现给公众的样态，从起初的多语码化发展为当下的多模态化；它不再是当初网络达人、“大虾”等小众的专利，而成了网上网下的大众所共用、共有、共享的语言产品。

然而，在网络语言与现实语言界限越来越模糊的情况下，部分网络流行语在非理性传播过程中，带有明显粗鄙、贬损、低俗等色彩，既不利于构建和谐的网络交流氛围，也容易影响青少年社会文化心理和价值观养成。因为语言具有反向塑造作用，人们选择什么样的语言，这类的语言便会反过来塑造人们的思维，潜移默化地影响人们的文化内涵乃至思想深度，是出口成章还是出口成“脏”就可以看出一个人的涵养。因此，有不少专家和网友们呼吁，对于网络流行语要有所区分，切勿盲目跟风，应自觉抵制低俗的流行语。

三、新媒体背景下的亚文化

1.亚文化的概念

亚文化是整体文化的一个分支，它是由各种社会和自然因素造成的各地区、各群体文化特殊性的方面。如因民族、宗教及居住环境的不同，具有自身特征的群体或地区文化，即亚文化，都可以在统一的民族文化之下得以形成。亚文化既具有本民族整体文化的基本特征，如语言文字、行为模式等，又具有自己的独特性。亚文化一经形成，便是一个相对独立的功能单位，对所属的全体成员都有约束力。亚文化是一个相对的概念，是整体文化的次属文化。一个文化区的文化对于全民族文化来说是亚文化，而对于文化区内的各社区和群体文化来说则是整体文化，而后者又是亚文化。研究亚文化对于深入了解社会结构和社会生活具有重要意义。

亚文化的概念是相对于主流文化提出的。主文化指的是在社会上占有主导地位的，为社会多数人所接受的文化。主文化对社会上大多数成员的价值观、行为方式、思维方式影响极大。而亚文化只是被社会上一部分成员接受的或为某一群体所特有的文化。

亚文化可以分为以下几种类别：①民族亚文化，它是为社会中少数民族群体所特有的文化；②职业亚文化，它是为各种职业群体所特有的文化；③越轨亚文化，它是为了反社会集团所特有的文化。反社会集团的行为规范往往偏离主流文化所规定的行为规范。相对于主流文化来说，反社会集团的群体规范属于越规范畴。

2. 网络中的典型文化现象

网络孕育了很多自己独有的文化现象，有些文化现象属于亚文化，而有些文化，虽然开始时以亚文化的身份出现，但逐渐被主流文化接纳，甚至融入主流文化。

(1)网红。“网红”是网络红人的简称，指因为某个事件或某些行为而在网络中受到普遍关注的人，“网红”是近年来兴起的一个词，但它所代表的现象与文化却并非新生的。自网络进入大众化应用以来，网络红人就以不同形式存在着。在某种意义上，“网红”经历了从边缘走向主流的过程。它过去是亚文化的一种现象，而今天，它已经成为各种群体与阶层都关注的对象。一些“网红”也开始被主流媒体或主流文化接纳。

“网红”是不断更迭的网络文化表征。与传统媒体时代造就的一些“名人”相比，“网红”具有快速更迭的特点，拥有与网络发展特定阶段相匹配的表达能力。在论坛时期，网络红人更多的是网络作家或网络写手，以深度的文字表达为主要的召唤力量。博客时期，网络红人主要指知名博主，他们赢得声誉的主要手段，仍然是深度文字，但也有博主凭借图片特别是出位的图片被人们熟知。进入微博时期，走红的“大V”虽然也以文字作为卖点，但是，他们更倚重轻薄化、浓缩化传播能力，对时政问题的洞察、评析能力也是走红关键。微信时期，除了垂直深耕内容外，标题制作技巧也成为成就“网红”的一个重要手段。与此同时，网络走向了视觉化繁荣期。因此，基于视频形式来进行表演与表达的一批“网红”开始涌现。这既包括“Papi酱”这样的短视频生产者，也包括一批以视频直播走红的“网红”。

"网红"多数是民间表决的结果。"网红"在很大程度上依靠的是民间表决，也就是网民自发的认可。这包含价值观审美等各种不同方面的考虑。这种民间的票选，与传统媒体在主流价值观下造就的名人会有很多不同。不少"网红"也是主流文化难以接纳的。还有一类"网红"的走红，并非主观努力的结果，而是机缘巧合，如"犀利哥""奶茶妹妹""达康书记"等。但他们的"红"也是因为在某个特定时间点迎合了人们在某些方面的文化想象与诉求。因此，他们的"被网红"，也代表了某个层面的网络民意。

"网红"正从文化概念演变成经济概念。"网红"的形成，背后有越来越多的经济驱动力。"网红"的意义，也从单纯的文化意义向经济意义延伸。因此，"网红"经济也成为一个热门的词，逐渐从文化概念变成一个经济概念。

(2)粉丝。"粉丝"来自英文"Fans"，意为"迷"，主要指某些明星（或平民偶像）、文化产品或品牌的崇拜者。美国学者约翰·费斯克在《理解大众文化》一书中指出："'迷'是过度的读者，这些狂热爱好者的文本是极度流行的。作为一个'迷'，就意味着对文本的投入是主动的、热烈的、狂热的、参与式的。""着迷主要包含两种行为的特殊性：辨识力与生产力。大众文化迷在他们所着迷和不着迷的东西或人之间，划下了一道不可跨越的鸿沟。""大众文化迷具有生产力：他们的着迷行为激励他们去生产自己的文本。"费斯克的这些论断，虽然主要针对大众文化迷，但也概括了粉丝的基本特点，即主动的、参与的、狂热的、具有生产能力的。美国学者亨利·詹金斯指出："粉丝饶有意味的地方在于，他们构成了消费者中特别活跃和善于表现的一个社群，他们的活动吸引我们关注文化挪用的过程。"

虽然"粉丝"这一现象由来已久，但网络对于"粉丝文化"的发展有着特殊的意义。

网络强化了"粉丝"的集群性。在中国，"粉丝文化"最早是以追星族的形式出现的，而早期的"追星族"一词，往往带有负面的色彩。2006 年的《超级女声》节目，使粉丝文化开始从边缘走上主流媒体的舞台，百度贴吧在其中起到了重要的推波助澜的作用。此后，各种偶像的"粉丝"通过网络得以集结，"粉丝文化"声势日益浩大，"粉丝"这个词的负面色彩也不断淡化。

有人认为，"粉丝文化"主要表现在以下五个方面：第一是"粉丝"群体的团队精神；第二是"粉丝"那种喜欢就勇敢表达出来并鲜明支持的率真精神；第三是"粉丝"积极主动、甘于付出的奉献精神，这种奉献和付出不只表现在感情上，还表现在金钱和时间精力上；第四是"粉丝"与喜爱对象患难与共的忠诚精神；第五是"粉丝"面对压力和困难敢于挑战和奋争的"PK 精神"。从中可以看到的是，"团队精神"是今天的"粉丝文化"的首要特质，也是其有别于以前的追星文化的一个重要方面。而分散的“粉丝”能形成团队或群体，无疑得益于网络。网络使“粉丝”显性化，也为他们的聚集、互动提供了平台。在中国，贴吧、微博等在这方面的作用尤为显著。

网络扩张了“粉丝”的“生产”行为。网络时代的“粉丝文化”有别于传统追星族的另一个表现是，“粉丝”对于他们追捧的对象的成名，起着重要作用，尤其是对那些平民明星而言。比如，“超女”们本来都是普通女孩，她们的成名，不仅与电视台所提供的展示平台有关，也与“粉丝”的造星活动有关。而如果没有网络，这些活动的组织会很困难，影响力会受到很大限制。“粉丝”在网上网下对所支持对象的宣传和支持活动，对《超级女声》的宣传以及“超女”的支持率，起到了显著的推动作用。因此，在某些情形下，明星是“粉丝”努力“生产”的一种结果。

网络也为“粉丝”的“文本生产”和“文本交换”提供了充分的资源与传播平台。亨利·詹金斯认为：“虽然一部分粉丝只忠实于单一的节目或明星，但更多的粉丝则将单个影视剧系列作为进入一个更广阔的粉丝社群的起点，并把各种节目、电影、书籍、漫画和其他通俗材料连成了一个互文性的网络。”“粉丝阅读是一个社会化的过程，在这个过程中，个人的阐释经过和其他读者的不断讨论而被塑造和巩固。”这一点在网络中表现得尤为突出，而网络本身也有助于“粉丝”发现和编织这样一种互文性的网络，并且给了“粉丝”前所未有的互动可能。今天的“粉丝”也从明星的“粉丝”向企业或产品的“粉丝”扩展；“粉丝”的生产性行为，也从文本的生产扩展到了更广阔的领域。

(3)恶搞。恶搞已经成为网络平台的一种重要文化现象。在网络环境下，恶搞文化的基本特征是反主流的，它以对主流文化的嘲讽、颠覆、解构为基本任务。从参与的主体看，它以平民为主，因此又是与精英文化对应的。

恶搞是新技术刺激下非主流文化对主流文化的一种挑战。长期以来，主流文化一直占据着垄断地位。大量普通人由于无法获得大众传播渠道，无法表达个人意见、传播自己的作品，一直处于主流文化的抑制之下。因此，一旦有机会，他们就会用自己的方式发起对主流文化的挑战。用恶搞的方式对主流文化进行挑战，一是直接，二是成本低，三是比较容易引起公众关注。恶搞不一定都是理性的挑战，但是，它至少反映了人们对于过去被奉为神灵的主流文化的反思。这种反思与挑战，虽然是以破坏性为特征的，但是，它对于打破垄断，促进文化的多元化，有着一定的积极作用。

恶搞体现了人们对自由表达权的向往。恶搞不仅体现了人们对主流文化的挑战，也体现了人们对自由表达权的向往。在很多情况下，恶搞是一种发表意见的方式。其作品只是外壳，实际上承载了人们的价值观与态度，是一种文化之外的需要。

恶搞是娱乐化潮流推动下的一种文化走向。在整个大众文化及传媒业的娱乐化潮流之下，恶搞也成了一种娱乐方式。事实上，大多数网民进行恶搞时，并没有反抗主流文化的自觉意识，更多的是在娱乐心态推动下的一种游戏。很多恶搞只不过是以解构主流文化的方式来刺激人们的想象力与创造力，在这种颠覆中获得娱乐快感。可以说，恶搞顺应了大众文化的娱乐化走向，同时又在某个方面推动了这种走向。

恶搞是社会转型期，社会情绪释放的一种通道。恶搞不仅是一种文化现象，也是一种社会现象。恶搞不仅给了人们娱乐，也给了人们释放。人们往往需要用暴力方式来发泄自己，网络恶搞也是一种暴力，这种暴力常常不是简单针对某一个恶搞对象，而是针对整个社会环境。很多参与恶搞的人都有特定的心理释放诉求，恶搞作品本身往往是他们满足这种诉求的载体。当然，这种情绪释放所导致的暴力，常常需要一些靶子，这就难免伤及无辜，这也表明，恶搞的破坏性效果是值得警惕的。

恶搞是网络社区文化交流的一种依托。恶搞与网络文化的特质是相适应的，那就是反中心、反权威。因此，恶搞作品、恶搞话题，往往是人们在网络平台交往的“触发装置”。特别是在网络社区中，恶搞文化可以让人们放下在现实世界里端着的庄严的架子，让人们用轻松游戏的方式参与交流。恶搞甚至已经成为某些社区的重要文化特征。人们如果不能适应这些社区里恶搞这样一种基调，可能也就难以在这个社区生存。

除了上面这些社会性的需求外，恶搞文化也可以给一些个体相应的满足。恶搞是个人观点的一种载体，是人们自娱自乐的一种方式。这一点与恶搞文化本身的功能是一致的。恶搞也是迅速成名的一种手段。恶搞往往针对一些知名人物、知名作品，很容易产生连锁反应，这种连锁反应不仅有利于作品的传播，也可能使恶搞的发起者一夜成名，即使他们本身没有这种诉求。

恶搞文化的破坏性特点，也会带来很多消极影响。对个人隐私权、名誉权、肖像权等的侵害；对作品版权的可能侵害；恶搞可能演化为网络集体暴力；恶搞可能带来新的文化趋同等。

作为一种亚文化，恶搞目前代表了以嘲讽、颠覆、解构等为基本特征的亚文化潮流，但是，不是一切的价值都能消解，也不是一切严肃的对象都能被用来娱乐，触碰了法律和伦理道德的底线，不但起不到娱乐或谋利的目的，还会害人害己。一切伤害民族感情、挑战公序良俗的恶搞现象都要坚决杜绝。2018 年 1 月，50 余家网络游戏公司负责人共同签署倡议书，其中要求，各公司配备满足自审需要并取得相应资质的审核人员，坚决抵制含有低俗暴力、歪曲历史、恶搞英雄、价值观念存在偏差、触碰道德底线等内容的网络游戏产品。文化和旅游部将继续加强网络文化市场监管，严查网络文化市场违法违规经营活动，清理网络文化市场禁止内容，持续规范市场秩序。同时，进一步加强对互联网文化单位的行政指导，经常进行政策通气，引导企业树立正确价值导向，自觉提供积极健康、向上向善的网络文化产品。

四、新媒体时代的文化自信

在经济全球化和媒介全球化的背景下，民族文化的认同危机正越来越成为一个严峻的问题。党的十九大报告指出："没有高度的文化自信，没有文化的繁荣兴盛，就没有中华民族伟大复兴。"新媒体时代要坚定文化自信，文化自信是更基本、更深沉、更持久的力量。

在新媒体时代，文化的表现形式变得更加丰富多样，文化符号不断被复制、整合、传播。新媒体技术的发展和信息传播规律的变化为我们进一步增强文化自信带来新的机遇和挑战。

首先，既坚守文化的主体性，又保持文化的多元性。文化主体性是民族文化的灵魂和旗帜，是文化上的自觉能动性，表现为对自己民族文化传统的自我认识、自我反省、自我更新和自我创造。"民族的主体性就是民族的独立性、主动性、自觉性。……如果文化不能保证民族的主体性，这种文化是毫无价值的。"随着互联网的普及和信息技术的发展，文化地域的界限逐渐被打破，国与国之间的文化交流形式更为多样，文化信息传播全球化的趋势越来越明显，全球化意味着差异化、多元化，这势必给各国本土文化带来新的冲击和挑战。这就需要我们进一步坚守文化主体性，坚定中国文化的身份认同、价值认同，并在本土文化立场上宽容对待异质文化，摒弃狭隘民族主义和极端民族主义，既看到民族文化的差异性，又能看到不同文化间存在着共性和对话的基础，这样才能以更加深邃的目光审视民族历史文化遗产，以更加积极主动的姿态发展文化事业，以创造性的思维观念生产出体现本国文化主体性和文化特色的精神成果。

其次，既提升文化传播力，又增强文化的接受性。传播力决定影响力，话语权决定主动权。完善国际传播工作格局，创新宣传理念、创新运行机制，汇聚更多资源力量，我们就能让中华文化更好走向世界，让世界更好了解中国，为实现"两个一百年"奋斗目标和中华民族伟大复兴的中国梦营造良好国际舆论环境。新媒体为优秀传统文化的传播提供了新载体、新平台和新方式。新媒体传播平台的多样化、信息内容的立体化有利于更多的人及时迅速地接收各种文化信息，以数字技术为驱动力的互联网让场景的叠加更多元、更丰富，这都为传播优秀文化提供了非常便捷的空间和渠道，极大地增强了文化的传播力和影响力。但是，随着新媒体特别是移动媒体的井喷式发展，媒体格局和舆论生态被不断重塑，媒介技术加速了全球化带来的符号同质化，包括多重空间的同质化、表达的同质化、审美的同质化等。社交媒体的普及，使得我们从前对异国他乡的想象以照片等图文并茂的符号文本呈现出来。如网红现象、粉丝文化、弹幕文化等，还有各种不良思想意识、文化霸权主义等污染着网络环境，对文化传播也产生了不同层次的影响。因此，要针对不同媒体信息传播的特点，制定多领域、分众化的文化传播策略，用好文化传播的“内容＋技术”元素，系统运用平台思维、整体思维、创新思维打造有影响力的文化品牌，讲好中国故事、弘扬中国精神，使社会主义先进文化潜移默化地影响更多受众的精神世界。

最后，在坚持文化继承性的基础上，推动文化的创新性。在世界多极化、经济全球化、社会信息化、文化多样化深入发展的时代，在我国从文化大国迈向文化强国的过程中，文化自信起到了非常重要的作用。五千多年的文化积淀为我们奠定了坚实的基础，但我们不能躺在文化遗产上睡觉，创新是文化繁荣发展的必然要求，也是新媒体时代提升文化竞争力的必由之路。新媒体丰富了传统文化的表达方式，增强了表达效果，扩大了传统文化的传播范围，为文化创新提供了新的条件。越来越多的博物馆采用数字化手段以激活馆藏资源。相关数据显示，仅在“百科数字博物馆”这一个平台上，就有 235 家数字博物馆上线，并且收录了 1625 家博物馆的文图资料，线上浏览人次已超过 7300 多万。

故宫博物院前院长单霁翔说：“要成为亿万级的博物馆，就要靠互联网。”故宫博物院在端门推出的“发现·养心殿——主题数字体验展”非常值得关注。选取故宫博物院养心殿生活中的“政务—文化—起居”元素，使用“端门数字馆”导览小程序对观众进行个性化导览，同时利用小程序进行互动和积分记录，就可以体验“召见大臣”“朱批奏折”“走进三希堂”“鉴藏珍玩”“亲制御膳”“穿搭服饰”等活动，在游戏结束时根据积分揭晓“彩蛋”，充实地度过“养心殿的一天”。这对于广大年轻人来说，不仅增长了历史文化知识，同时具有很强的参与性和时尚感。单霁翔说：“我们希望将传统文化与现代科技相融合，进行又一次创新呈现，利用数字技术，让年轻人更多地走近传统文化。”故宫还推出了含有故宫自身文化属性的生动有趣的故宫文创产品。还与腾讯合作开发了一系列的游戏、表情包和音乐作品。故宫艺品文创的数字化转型，最终的目的是通过创新实现对文化的传承。

在元宵节、端午节等中国传统节日前后，一些新媒体通过线上线下的互动，更好地诠释了传统节日的内涵及其蕴含的民族精神；故宫博物院运用互联网信息技术，通过妙趣横生的影像故事或 H5 视频呈现各种文物深厚的历史文化元素等。面对当下人们更高的精神文化需求，我们应当与时俱进，改变传统的文化传播方式,加强传播内容的多样化、灵活性,打造有创意的符合时代特征的文化产品,使我们的文化传播更接地气、更有活力。只有不断创新发展传统文化和运用现代传播技术,我们的文化才能真正融入大众的日常生活,引起他们的共鸣。文化继承与文化创新一体两面,要增强文化自信,就要在继承的基础上进行符合时代的文化创新。文化创新是党和国家在新时代进行中国特色社会主义文化建设的重要议题。

新媒体环境为文化的传承与创新都创造了新的条件,也提出了更高的要求。我们要根据现代信息传播的特点和规律,合理利用新媒体,不断促进中国特色社会主义文化在现代性境遇下的传承与创新,铸就中华文化新辉煌。

第四节 新媒体与文学

一、网络文学的产生

20 世纪 60 年代,互联网成了文学的载体。互联网的出现冲击了现有的文学体制,对中国当代文学的传播及阅读都产生了重要影响,形成了网络、传统文学期刊、出版社三分文坛的格局。网络文学让无数有文学梦想的人得以借助这个平台圆梦,“在网络上,人人都可以做作家”,甚至将文学创作幻化为一种职业,让更多的人可以成为网络文学产业的消费者。

网络文学的产生是各方面因素共同作用的结果,其背景是复杂的。对于所有网络文学来说其产生的一个最根本的背景是电子计算机的广泛应用和互联网的开通。20 世纪 80 年代出现的超文本技术也为网络文学的出现奠定了技术基础。

当然,世界网络文学的产生也是网络文学产生的背景之一。世界最早的网络文学出现在美国及欧洲,开始于 20 世纪 70 年代的网上写作;80 年代,开始有了自觉的网络文学创作活动;而到了 90 年代,网络超文本写作进入了大学课堂。世界网络文学的产生、发展及日渐成熟,影响着网络文学的产生。

继报刊、广播、影视等大众传媒之后,互联网被称为“第四媒体”。它可以同时整合文字、声音、图像等媒介形式,呈现出数字多媒体化、实时交互性、自由开放性、传播全球化等特点。网络文学是随着互联网的发展而兴起的。1994 年,活跃于 ACT 上的方舟子创办了“新雨丝”网站,此后又涌现出“橄榄树”“花招”“文学城”等一些比较有影响的文学网站。中文网络文学一词,第一次被正式采用,应是在《中国时报》资讯周报于 1996 年至 1997 年间所推出的几次网络文学争议专栏。1997 年网易公司为网民提供了免费个人主页空间,从而使大陆网络文学由电子公告栏系统(简称 BBS),拓展到众多的文学网站。

二、网络文学的内涵及分类

1. 网络文学的内涵

目前,对于网络文学的界定很多,第一种理解认为,网络文学就是以网络生活为题材的文学,如网上聊天、网恋等。第二种理解认为,网络文学就是运用超文本链接和多媒体等方式制作的作品,这类作品具有网络的依赖性、延伸性和网民互动性等特征,不能下载出版作媒介转换,一旦离开了网络它就不能生存。第三种理解认为,网络文学就是所有经过电子化处理后的在互联网上传播的文学,即 e 形文学,凡在互联网上传播的文学都是网络文学,这种网络文学同传统文学仅仅只有媒介和传播方式的区别。第四种理解认为,网络文学就是存在于网络空间,以计算机网络为传播媒介,创作和接受具有在线性和交互性的文学样式。在创作方式、作者身份和文学体制上有诸多改变。

网络文学是伴随着计算机和互联网而诞生的一种新的文学样式,即用电脑创作、在互联网上传播、供网络用户浏览或参与的文学。它有网络诗歌、网络小说、网络散文、网络纪实文学、博客写作、微博写作、微信短文、记事日记、记感随笔及网络超文本作品等多种形态,存在于文学网站、文学社区、个人文学主页、个人博客、微博客、网络聊天室、BBS、门户网站文学频道等空间。

2. 网络文学的分类

关于网络文学的分类,最常见的是欧阳友权在《网络文学本体研究》中划分的:网上传播的传统印刷文本、在网上首发的原创文学作品及超文本或多媒体文学作品三大类。第一种与传统文学的区别仅在于传播媒介的不同;第二种不仅有载体的区别,还有网民原创、网络首发的不同;第三种则离开了网络就无法生存。也有学者把超文本文学和多媒体文学区别开来,将网络文学按照依存媒介以及由此造成的文学活动方式的差异分为网络数字化文学、网络超文本文学、网络多媒体文学和网络互动文学。随着互联网技术的发展,网络文学的形态更加丰富。目前,我们可以将网络文学分为以互联网为载体的原创网络文学,以众创、超文本、多媒体为代表的非线性网络文学和以机器为创作主体的智能化网络文学。

三、网络文学的发展阶段

网络文学从 1998 年至今,已经发展了二十多年,如今它已从星星之火发展成了燎原之势。网络文学大致经历了三个大的发展阶段。

第一阶段,网络文学萌芽时期(1998 年—2003 年)。

1998 年 3 月，蔡智恒的《第一次的亲密接触》开了网络文学创作之先河，网络文学由此进入萌芽期。学界早就意识到网络这一新生传播途径将会带来文学艺术的重大变革。

1999 年 8 月朱威廉注册成立了“上海榕树下计算机有限公司”，“榕树下”正是作为一个商业网站开始运作。网络文学爱好者可以通过这一平台将自己的生活随笔、原创小说等随时发表出来。随着一批中小型原创文学网站先后转入公司化运营，网络文学迎来了快速发展的春天。

2003 年 10 月，起点中文网推出在线收费模式获得成功。网络作家职业化、付费阅读、用户激励机制等成为中国网络文学独特的商业模式。

第二阶段，网络文学的发展时期(2004 年—2013 年)。

2004 年 10 月，盛大网络收购起点中文网等网站，聚集效应初显。此后，纵横中文、天涯文学等一批网站通过收购重组的方式形成了门户网站群。这标志着网络文学进入集约化发展阶段。

2009 年 9 月，《大江东去》获中宣部第十一届“五个一工程”奖。这标志着在管理部门的引导下，中国网络文学作品从选题质量、内容质量到艺术水准都得到全面提高，可以说，网络文学整体质量迈上一个新台阶。

2010 年 1 月，中国移动手机阅读业务进入商用阶段，网络阅读从 PC 端转移到手机端。这标志着中国网络文学进入移动阅读的新时代。

2011 年，以《步步惊心》《甄嬛传》等为代表的网络文学作品先后被成功改编为影视作品。这也催生了全版权 IP 运营新模式，标志着网络文学进入“改编元年”。

第三阶段，网络文学繁荣时期(2014 年至今)。

2014 年 1 月，浙江省率先成立网络作家协会。这标志着网络文学从业人员得到行业组织的关注、关怀和认可。

2014 年 10 月，习近平总书记主持召开文艺工作座谈会并发表重要讲话。这是党和政府就文艺工作面对新历史起点的一次“总动员”，也是今后一个时期开创文艺工作新局面的“总号角”。2014 年 12 月，国家新闻出版广电总局《关于推动网络文学健康发展的指导意见》等文件的发布实施对于规范市场行为，加强行业监管，提升企业从业者的责任担当和文化自觉起到了积极引导推进作用。

2015 年 1 月，中文在线、掌阅、阅文集团等企业先后上市。资本市场潜力进一步释放，标志着网络文学商业模式逐渐成形，网络文学产业发展进入新阶段。

2015 年 7 月，原国家新闻出版广电总局首次开展年度优秀网络文学原创作品推介活动。同年中国作协网络文学委员会也启动了中国网络小说评选活动。“推优”活动带动了精品力作的创作出版。

2015年10月。中共中央印发《关于繁荣发展社会主义文艺的意见》,为包括网络文学在内的网络文艺提出了发展目标、指明了发展方向、明确了具体措施。

2017年8月,首届中国"网络文学+"大会在北京召开。大会在原国家新闻出版广电总局和北京市人民政府指导下,由北京市委宣传部、中国音像与数字出版协会、北京市新闻出版广电局、北京市网信办、北京市文联、北京经济技术开发区管委会等六家单位联合主办。大会充分发挥了政府引领作用,实现了网络文学同影视、音乐、动漫、游戏等文化产业的深度融合,为网络文学的发展提供了重要平台。

2017年11月,国家版权局印发《关于加强网络文学作品版权管理的通知》。该通知重申了著作权法律规定的基本原则,强化了版权执法部门的监管职责,建立了有效的版权投诉机制和"黑白名单"制度,为网络文学产业的健康发展提供了有力保障。

2018年5月,由中国作家协会、浙江省委宣传部、杭州市委宣传部共同主办的首届网络文学周在杭州举办。会议首次发布了《2017中国网络文学蓝皮书》。

2018年6月,网络文学用户规模达到4.06亿。签约作者达68万人,作品总量达1600万部,市场规模达129.2亿元。说明网络文学产业进入繁荣期,已成长为我国新兴文艺类型支柱产业。

第47次《中国互联网络发展状况统计报告》数据显示,截至2020年12月,我国网络文学用户规模达到4.60亿,较2020年3月增长了475万,占网民整体的46.5%。2020年国内网络文学行业的持续快速发展,给这一传统网络娱乐业务注入了新的活力,变化主要体现在行业发展和市场竞争两个方面。

在行业发展方面,用户付费意愿与作者创作环境持续改善,共同推动行业迈上新台阶。一是用户付费意愿显著提升。随着网络文学平台不断加强内容创作扶持、优化作品推荐体系,用户对于优质作品的付费意愿得到进一步提升。二是平台与作者的合作方式更加灵活。三是版权保护机制持续完善。随着网络文学作者权益的改善,平台与作者双方的权责更加明确,为行业在平等互利、和谐共生的轨道上健康发展奠定了基础。在市场竞争方面,大型互联网企业的介入进一步推动网络文学行业竞争加剧。随着网络文化娱乐行业联动的日益密切,网络文学业务越发受到大型互联网企业的重视。

四、网络文学的特点

1.自由性

网络文学在创作上呈现出典型的自由性特征,这种自由性来自互联网的自由性属性。网络时代,作家已经不仅仅是某些人的专用身份,而是只要有创作的愿望和能力，就能在网络上发表作品。

如今，网络文学的自由性解放了网民的创作兴趣，网民可以轻松发表文学作品。因此，网络文学的创作主体出现爆炸性增长。网络写手身份复杂纷呈，他们的文学水平也参差不齐。网络文学创作的自由性表现之一是作者的自由。对于作者不设门槛、不问年龄、不问学历，能够创作，创作的作品可以被读者接受就行。表现之二是内容的自由。对于创作内容不限制，不论体裁、类型，只要读者欢迎即可。但政府相关部门会从意识形态领域对网络文学创作加以引导，例如开展净网行动，对不符合社会主义核心价值观的内容进行禁止。所以，内容的自由不是无限制的，是有限的、相对的自由。表现之三是时间的自由。网络文学的创作时间是自由的，不受限制的，随时随地皆可，只要有网络就能创作。写作不受任何形式的束缚，网络写手可以更多地保留自己的个性。

文学是社会生活的反映，网络是虚拟世界，网络文学更是虚拟世界的自由表达。在文类界限上出现体裁分类的模糊、分化乃至重组。自由写作是网络写作的常态，网络文学也成了文化快餐。网络文学的核心价值就在于表达和培育人文精神，为人类精神世界开创自由的新面貌。

2. 大众性

网络文学基于计算机网络技术，起于民间大众，是文学圈外无数漫游和聊天的网民以游戏的心态打造出来的一方园地，其活动方式是大众化的。数字化网络所提供的大众参与、自主独立的"在线民主"，已经为大众文学和文学的大众化构筑了理想的技术平台。全民参与文学的诗学意义在于：它革新了文学旧制，颠覆了文学主体的等级观念，彻底消除了"贵族书写"，打破了传统作家对舆论工具的垄断，分享了社会精英、文化贵族的话语权力。正如巴赫金指出："狂欢节具有宇宙的性质，这是整个世界的一种特殊状态，这是人人参与的世界再生和更新。"同时，它开辟了文学回归民间的坦途，创造了文学民主的新神话。尽管这样的创作自由和文学民主未必就代表了文学进步，但至少是蕴含着文学陈规的破除和文学观念的新生，正如陈村在《网络文学两则》一文中指出："文学史素来都不是杰作史，文学的全部意义并不仅在于它有高峰。许许多多的人在文学中积极参与并有所获得，难道不是又一层十分伟大的意义吗？"

据统计，35 岁以下，高中和本科学历的网民，是当今社会上网的主流人群。在文学"网虫"中，大部分是 30 岁以下的年轻人；在网络签约写手中，18～40 岁的作者占 75%，在读学生约占 10%。正如尼葛洛庞帝所说的"人人都能成为艺术家"，在网络时代不只是一个扣动心扉的预言，而是一个现实。2020 年，500 余家网站聚集了超千万的网络文学作者，其中绝大多数为一般注册用户，大多缺乏系统化创作，签约作者有100多万人，活跃的签约作者有60多万人。2020年，网络作家中笔龄在三年以下的作者占53.7%。2018年以来实名认证的新作者中，“95后”占74%正式成为创作主力。新签约作者中，“00后”占比50%以上。另外，作者学历水平和创作时长均有所提高，专本科学历占比约60%。

3.商业性

网络文学的商业性不是与生俱来的，而是随着网络文学的发展逐步演化而来的。在网络文学的萌芽阶段和起始阶段，作者的创作是基于一种文学情怀，只是为了表达自身的文学创作兴趣，不为金钱，不为名声，只为情感和情怀。

没有网络文学的商业性，就没有网络文学的繁荣发展。首先，商业性解决了网络文学作者的生存之道；其次，商业性解决了网络文学网站的生存之道；再次，商业性打造了网络文学的文化产业链。网络文学不仅仅是文学本身，更是文化产业的重要组成部分。网络文学也不仅是内容本身，更因内容衍生了出版、动漫、游戏、影视、网剧、音频等一系列产品。

4.互动性

网络文学作品以文学网站和手机终端进行发布，网络是传递信息最现代的工具，网络也是一个特殊的平台。在这个平台上，作者与读者可以随时交流、互动，这种互动主要表现为跟帖回复。一部网络文学作品在网站上发表后，读者可以在作品评论区发表评论，提出对作品的理解，甚至可以就作品的下一步创作提出建议和意见；作者也可以就评论内容进行回复，从而实现即时互动。读者还可以与作者一起探讨小说的构思和语言等，作者可能因为读者的意愿和建议而对原作品进行修正，促使网络文学形成了一个鲜明特点，那就是读者在阅读作品的同时也参与了作品的创作。

一部作品可能有成千上万个读者参与，当然发挥主要作用的还是作者本身。互动性拓展了读者的存在空间，读者既是网络文学的接受者，又是网络文学创作的参与者和网络文学评论的亲历者，同时还能充分享受阅读的自由选择权。

5.多媒体性

多媒体性是网络文学的一大特征，也是与传统文学相比的革命性优势之一。在博客时代，用户可以按自己的创意为文字配图、配音乐，有的还做成流动的文字、动画。读者可以根据自己的爱好选择阅读和评价不同的作品，图片和音像的介入使作品表现形式更为丰富，这些给读者带来了阅读的享受，给读者提供了更多更大的想象和创作的空间。

有学者指出，现代新媒介的应用、日常生活的审美化及精神产品的商品化等因素共同促成了文学等级秩序的崩溃与文学经典主义的消退，并最终模糊了文学的边界。由此可见，不断更迭的社交媒体已经改变了文学固有的样式，以博客、微博、微信等多元化的形式与传统文学形式融合相生。

网络多媒体能够集图、文、声、影于一身，让欣赏者立体化地感受其艺术魅力，实现视频、音频综合效果对欣赏者感官的立体冲击。计算机虚拟技术几乎能让人类所有的幻想都变成“现实”。

6.迅捷性

传统文学的出版一般要通过组稿、作者创作、与出版社签约、审稿、加工、印刷出版和发行等一系列工作流程，短则一两月，长则一两年甚至更长时间。而网络文学作家通过网络写作，可以及时发表，每日更文已成为网络作者基本的写作方式。网络文学以机换笔，在电脑屏幕上可以随时随地修改，创作快捷。

五、网络文学规范化管理

党和国家为了加强对出版工作的领导与管理，提出了一系列指导性意见。行政主管部门重点规范出版物市场、网络出版、出版产业园区、出版走出去、教材出版等领域，建立了完善的出版法制体系。国家对网络文学的综合行政治理手段不断加强，重拳打击网络侵权、网店销售盗版图书、印刷复印企业非法印制、非法出版物等，线上线下联动全面净化出版环境。司法保障不断加强，更加重视版权保护，加大对出版领域侵权盗版的刑事打击力度，司法裁判专业化、科学化能力增强，为出版产业的发展提供了有力保障。

网络文学要想行稳致远，同样需要敬畏法律，并且为网络娱乐化表达设置法律边界。2017 年 6 月，国家新闻出版广电总局出台了《网络文学出版服务单位社会效益评估试行办法》(新广出发〔2017〕34 号)，在评估内容上明确规定，“出版质量评估主要依据《出版管理条例》《图书质量管理规定》《网络出版服务管理规定》等，考核网络文学出版服务单位公开出版的作品是否坚持社会主义先进文化前进方向，积极践行弘扬社会主义核心价值观，大力出版传播主旋律、正能量作品；思想格调、审美情趣是否健康向上，具有价值引导、精神引领、审美启迪等方面的积极作用”。并且同时发布《网络文学出版服务单位社会效益试行评估指标和计分标准》，以量化的方式规定，网络文学出版服务单位出版的作品如果出现严重政治差错、社会影响恶劣，在平台首页或重点栏目推介导向有严重问题的作品，违反政治纪律和政治规矩等，社会效益评估将实行“一票否决”，评估结果为“不合格”。2017 年 9 月 7 日，国家互联网信息办公室发布了《互联网用户公众账号信息服务管理规定》，用以规范互联网用户公众账号信息服务，维护国家安全和公共利益，保护公民、法人和其他组织的合法权益，对网络文学用户具有同等的约束力。2019 年 12 月 15

日，国家互联网信息办公室发布了《网络信息内容生态治理规定》，提出十条不能触碰的底线。这些法律法规是网络文学娱乐的法律边界，也是保障公民健康娱乐的“防火墙”。网络文学要走出过度娱乐化的窘境，就必须坚守这些为它保驾护航的法律边界。《互联网用户公众账号信息服务管理规定》是根据《中华人民共和国网络安全法》《国务院关于授权国家互联网信息办公室负责互联网信息内容管理工作的通知》制定的规定，由国家互联网信息办公室发布，自 2017 年 10 月 8 日起施行。

随着知识产权观念的不断增强，有越来越多的作者意识到保护著作权的重要性。网络文学的侵权现象往往更加严重且难以制止。网络侵权现象严重影响了作者的利益，目前的法律法规对网络作品版权保护力度不够，法规仍然不够健全。我国 2012 年 3 月颁布的著作权法制定得比较早，已经不能满足新媒体发展的需要而应该加以修改。为维护广大作者的知识产权新修订的《中华人民共和国著作权法》做了相关规定并于 2021 年 6 月 1 日起施行。

建立健全的网络著作权法是有利于网络文学健康发展的重要举措。除了建立健全法律、法规，网络作者也应该具有维权意识，在作品创作、发表和出版等各个环节都注意保护好自己的权益。

网络文学的健康发展离不开国家政策的支持。2014 年之前，与网络文学相关的规定只有 2000 年的《互联网信息服务管理办法》、2001 年的《中华人民共和国著作权法(修订)》和 2002 年的《互联网出版管理暂行规定》，且不是关于网络文学发展的专门制度，网络文学发展缺乏国家政策的指引。直到 2014 年，国家新闻出版广电总局颁布了《关于推动网络文学健康发展的指导意见》，这是国家关于网络文学发展的首个指导性文件，该文件明确了推动网络文学健康发展的指导思想、基本原则、发展目标和保障措施等。2015 年，中共中央政治局审议通过的《关于繁荣发展社会主义文艺的意见》中明确提出“大力发展网络文艺，让正能量引领网络文艺发展”。网络文学的发展还需要政府持续出台相关政策，以社会主义核心价值观引领网络文学健康发展。

2020 年，为了进一步加强网络文学出版管理，国家新闻出版署通知指出，“各省、自治区、直辖市新闻出版局，各网络文学出版单位：网络文学是繁荣发展社会主义文艺的重要力量，拥有庞大读者群，特别是在青少年中具有广泛影响。近年来，网络文学行业蓬勃发展，涌现出一批优秀作者和思想性艺术性可读性相统一的原创作品，在促进文学创作生产、满足人民群众精神文化需求方面发挥了积极作用。同时，也存在一些值得注意的倾向和问题。一些作品导向偏差、格调不高，甚至以淫秽色情、血腥暴力等内容刺激感官、吸引眼球；有的企业社会责任感缺失、把关机制不健全、主体责任落实不到位，片面追求经济效益。”

2020 年 6 月 15 日，国家新闻出版署印发《关于进一步加强网络文学出版管理的通知》，要求规范网络文学行业秩序，加强网络文学出版管理，引导网络文学出版单位始终坚持正确出版导向，坚持把社会效益放在首位，坚持高质量发展，努力以精品奉献人民，推动网络文学繁荣健康发展。该通知要求，网络文学出版单位要严格落实平台主体责任，建立健全的网络文学内容审核机制，强化内容把关职责，支持优质创新内容，控制总量、优化结构、提高质量，确保内容导向正确、格调健康向上，坚决抵制模式化、同质化倾向；严格规范登载发布行为，实行网络文学创作者实名注册制度，在平台上明示登载规则和服务约定，对创作者登载发布行为提出明确要求；加强对作品排行榜、互动评论等作品相关发布信息的动态管理，正确引导用户阅读。

2021 年 1 月，《习近平关于网络强国论述摘编》出版发行，为我们及时地提供了体现“中国特色治网之道”的精要表述。习近平总书记在党的十九大报告中提出建设网络强国战略。基于此，我们要站在“网络强国、数字中国、智慧社会”这样的战略高度和更高层面，把网络文学看成其中的有机构成，并发挥网络文学在战略强国中的特殊作用。在强国战略的大格局中只有政府加强网络文学发展政策引导，才能更好地为网络文学发展保驾护航。

第五节　新媒体与娱乐

新媒体以丰富多彩的娱乐形式、快捷的反馈机制、“平易近人”的姿态进入了网民的生活，催生出日益流行的娱乐形式和娱乐浪潮，改变着网民的娱乐习惯，塑造出新的娱乐文化形态，娱乐文化开始进入“数字化生存”“自由化传播”的新时代。与此相应，娱乐文化也促进了新媒体走进千家万户，它是新媒体成为颠覆传统媒体统治地位的最有力的文化武器，甚至可以说是新媒体生存和发展的核心。“娱乐集体主义”将会变成为“娱乐个人主义”，娱乐方式也因此而发生变革，新媒体的数字娱乐平台将使娱乐活动变得更方便、灵活、快捷和不稳定。

一、新媒体娱乐的特征

新媒体为生产信息和消费信息的合并提供了技术平台，新媒体依托娱乐活动也形成了独有的特点：娱乐数据量的上升和数据分析技术的成熟，使得大数据精准营销和以数据分析为导向改造产业链成为可能。互联网渗透率提升，线上已成为文化产品宣传发布的主要渠道，线下渠道构建了体验式娱乐消费的主要场景。

1. 互动性娱乐

新媒体所具有的互动性，打破了传统媒体单向传送信息的格局，信息传播者与接收者之间的互动变得真实可行。

新媒体互动性的传播特点使新媒体环境下的用户对娱乐方式不仅有选择权，还有控制权。他们可以定制娱乐服务，可以通过选择来改变信息的内容和形式。新媒体的互动可以即时地调动用户的行为，并使之瞬时产生选择意向和娱乐冲动，甚至可以激发用户在娱乐行为上和新媒体的互动潜能。视频弹幕、各大直播平台、抖音短视频评论等都属于数字互娱范围。如以酷狗为代表的互联网企业，将粤剧打包装进口袋，让戏迷通过音乐平台、直播平台甚至手机视频铃声随时随地观看粤剧，让粤剧成为老中幼三代人共同的爱好。

2. 娱乐形式多元化

时代在变，人们的娱乐方式也在不断变化。从 20 世纪 90 年代的街机游戏到 21 世纪初的网上冲浪，再到现在的网络全民星秀直播，越来越多的娱乐方式随着互联网基础设施的完善，变得越来越丰富，各种新颖的新媒体服务进入人们的视野。新媒体娱乐整合了文字、图片、影像、音响等多种元素，用户的使用实际上是一个多媒体的传播过程，这些具有立体效应的娱乐服务给新媒体用户带来了逼真而生动的体验，手机上网、网络视频通话、实时影像记录更能为不同需求、不同终端的用户提供不同的内容，满足其不同的娱乐需求。

同时，新旧媒体互相联合，还可以构建起立体化的播出平台和组织构架，为客户提供多渠道、多形式的营销服务。例如，上海文化广播影视集团在《舞林大会》节目的运作中，充分地运用了传统电视、IPTV、网站、手机电视和短信的方式：由东方卫视和本地频道进行现场直播，覆盖数亿用户；在宽频网络上建立《舞林大会》官方网站，集成在线直播、节目点播、幕后花絮、选手博客、投票、论坛等方式；在使用手机进行同步短信投票、节目信息定制的同时，利用手机流媒体实现在线直播、视频点播、独家花絮等内容。在《舞林大会》品牌统领下，多媒体渠道建立了立体播出平台，整合在一个活动方案中，这种方式已经成为上海文化广播影视集团整合营销的通用方式。

二、新媒体娱乐存在的问题

泛娱乐化是资本控制下信息全球化的必然产物，它是以消费主义、享乐主义为核心，以现代媒介为主要载体，通过戏剧化的表演，试图放松人们的紧张神经，从而使人达到快感的一种文化现象。新媒体环境中的泛娱乐化迎合了当下大众的兴趣，只要符合大众趣味，都可能以一种不可思议的方式成为大众关注的焦点。新媒体时代的泛娱乐化打破了高高在上的主流权威，让普通人也有机会受万众瞩目。

大众倾向于用轻松恶搞的态度将所有内容解构加工，赋予娱乐精神，创造新内容，批量化、模式化地制作了浅层娱乐作品。现代传播环境和传播技术的发展，又将娱乐推向了以新媒体为载体，更对文化市场的娱乐化起到了推波助澜的作用。作为第一“把关人”的传播者发生了变化，导致传播活动泛娱乐化的趋势也愈演愈烈。

在新媒体时代，在崇拜心理和移情的共同作用下，大众盲目追求明星成为一种娱乐现象，导致了全民追星、全面狂欢的景象，这就在很大程度上推动了“泛娱乐化”的蔓延。一些明星自带“粉丝”流量，拥有大量忠实“粉丝”，为依赖于“粉丝”经济的流量变现，带来了巨大的经济效益。

在泛娱乐化的网络环境下，一些政务新媒体也出现格调不高的内容，通过援引网言网语或热门段子，进行幽默化、戏谑化表达，导致产生了庸俗化、低俗化的倾向。政务新媒体的过度娱乐化，不但有损政务部门的严肃性和权威性，而且还有可能助长社会不良风气，形成错误的价值导向，引发舆论不适。

现在的“标题党”利用人们的猎奇心理，以低俗的方法提高网站的点击率。凭借一些刺激，人们尽情地以娱乐的心态彼此调侃，以癫狂的行为来刺激和改变别人的生活状况，从而排解现实生活中的不快，消解内心的焦虑，以此来实现精神逃匿。在这样的娱乐氛围和虚幻的世界当中，人们遗忘了现代生活的压力和艰辛，消解了理性法则，以一种纯粹的游戏心理去体验当下的意义。如果当下新媒体信息环境中完全以“娱乐”为价值标尺，那么品德的高下、文明的肃穆乃至人格的完整，就仅仅只能取决于“化妆术”的高低。在娱乐泛化的时代，人们容易变得焦躁不安，不经意间，走向娱乐泛滥的极端。

当今繁忙而浮躁的经济社会，使得“人”开始物化，个人的放松和真挚的情感享受成为奢侈品。在这种现实社会的压抑下，人们需要一个宣泄口，而“娱乐”就是一种最便捷的也是成本最低的宣泄方式。人们通过“娱乐”，尤其是“文化娱乐”的方式，进行精神层面的调剂，缓解现实生活中的种种压力，获得短暂的放松、休息，并收获愉悦感和满足感。这种状态下的人们，暂时脱离了现实环境，他们的精神不再被桎梏于现实中的困难、逆境与生存压力中，而是超脱于物质之外，收获了精神快感，使人深深地沉迷其中，难以自拔。娱乐符合市场经济环境下人们的这种收视诉求和心理需求，成为最便捷廉价的宣泄方式。尤其是随着人工智能技术的发展，新媒体娱乐的伴随性不断强化，人们开始随时随地分享娱乐、享受娱乐，娱乐开始逐步泛滥，呈现出蔓延的趋势。

第六节　新媒体与教育

一、新媒体应用对高等教育的影响

随着大数据、智能计算、虚拟技术等新媒体技术在教育领域应用的普及和成熟，教育信息化向智能化发展已成为一种趋势。

截至 2020 年 12 月，我国在线教育用户规模达到 3.42 亿，较 2020 年 3 月减少了 8125 万，占网民整体的 34.6%。

1. 丰富教学形式，增加课堂信息量

在以往的教学模式中，教师以板书教学为主，学生的注意力难以较长时间集中，容易产生疲劳感。新媒体的传播方式对信息的传播及时、迅速，它改变了传统的信息传播方式，学生能够高效地接受学习重点，新媒体的多元化表现形式也丰富了课堂教学的形式。

2. 打破时空限制，提高学习效率

在新媒体教学过程中，教师可以对海量有效信息进行优化整合，打破了传统教学的空间限制，实现了跨平台、跨终端的信息交互，帮助学生增长见识，开阔眼界，有效提升学习空间和学习效率。与此同时，因为新媒体的资源非常丰富，学生可以根据自己的专长和学习兴趣，有目标、有计划地学习。如此一来，可以有效促使学生学习，实现多元化发展，还可以展示学生自身特长。

3. 双向传递信息，满足个性化需求

在传统媒体的传播方式中，基本上是单向传播的形式，而新媒体的出现，尤其是 5G 时代新媒体的广泛应用，加强了传播者与接收者双方之间的互动，使教师与学生能够进行双向交流。信息的发送者不仅可以通过媒体对海量的信息进行传播，接收者也能够通过媒体对信息进行反馈，并且不受时间和地域的限制，实现了随时随地的沟通和互动。

课堂是学校教育教学改革的主阵地，也是落实学生核心素养发展的关键场所。抓住了课堂就抓住了教学改革的重点，抓好了课堂就把握住了教学质量提升的关键。随着现代信息技术在教育领域的广泛应用，技术与教学的融合更为深入，课堂教学模式随之发生了变革，资源传播途径也更加广泛，为教学带来了极大的便利。我国现有的大多数课堂教学仍然存在着模式化、静态化的问题，课堂互动往往是教师“动”而学生“不动”，不能很好地满足学生的个性化学习需求。

近年来，各级各类学校的信息化环境大大改善，为教学过程与结果数据的多维度、全程化采集创造了良好的条件。贯通课前、课中与课后的教学数据流正在生成，数据驱动的教学设计、教学组织与管理、学业辅导等教学业务开始走向精准化、精细化和精益化。大数据具有重构课堂教学流程与教学生态的潜能，将推动经验主导、低效重压、整齐划一的传统课堂转向全向互动、数据把脉、精准反馈、轻负高质的智慧课堂。

在线开放课程是现代信息技术与现代教育理念相结合的产物，它拓展了传统教学在时间和空间上的概念定义，极大地促进了优质教育资源的共享，推动了教育教学的改革与创新。2015 年 4 月教育部下发了《教育部关于加强高等学校在线开放课程建设应用与管理的意见》，明确提出“高校应切实承担在线开放课程建设应用与管理的主体责任，要将建设和使用在线开放课程作为推进教育教学改革的重要举措，把在线开放课程作为课堂教学的重要补充”。2018 年召开的“全国教育大会”和“新时代全国高等学校本科教育工作会议”也重点提到了课程建设对人才培育的重要作用。在教育部发布的《教育部关于加快建设高水平本科教育全面提高人才培养能力的意见》（“高教 40 条”）中，更是明确指出“要推进现代信息技术与教育教学深度融合，构建线上线下相结合的教学模式，推动形成‘互联网＋高等教育’新形态，以现代信息技术推动高等教育质量提升的‘变轨超车’”。可以说，在线开放课程是“淘汰水课、打造金课”的重要抓手，是现代高等教育的核心组成要素之一。

二、推动新媒体应用在教育中的发展

1. 清醒认识我国高等教育的时代挑战

当前，我国高等教育既面临着高等教育结构不尽合理、质量水平有待持续提升的问题，又面临着适应时代新发展、应对科技新变革等问题。这些重大问题已成为高等教育强国建设面临的时代挑战，需要我们从以下几个方面深入把握。

(1)我国高等教育质量与世界发达国家相比仍有较大差距，需要继续奋斗。新中国成立 70 多年特别是改革开放 40 多年来，我国高等教育和科学技术领域获得了跨越式发展，取得的巨大成就令人振奋。但是，我们也应该清醒地看到，我国的高等教育发展水平与世界发达国家仍然有较大差距，科技领域的原始创新能力不足的现状还没有根本改变。因此，我国要在综合国力竞争中立于不败之地，迫切需要我们在新时代下继续奋斗，依托科技发展的新成果，推进高等教育事业实现新跨越。

(2)我国高等教育与党和人民的新期待相比，仍需要在内涵式发展上持续着力。党的十九大报告提出，从 2020 年到 2035 年，在全面建成小康社会的基础上，再奋斗十五年，基本实现社会主义现代化，这将我国基本实现现代化的目标提前了十五年。实现这样的宏伟目标，我国对高等教育的需要比以往任何时候都更加迫切，对科学知识和卓越人才的渴求比以往任何时候都更加强烈。当前，随着我国高等教育由大众化阶段向普及化阶段转变，接受优质高等教育越来越成为人民群众的普遍需求。面对党和人民的强烈期待，我国高等教育必须聚焦质量提升这个核心任务，及时把握科技创新给高等教育带来的新机遇，实现内涵式发展。

(3)科技革命方兴未艾，为推进高等教育现代化提供了新动力。当今世界，以信息科技革命为先导，以新材料科技为基础，以新能源科技为动力，以空间科技为外延，以生命科技为战略重点，以互联网、大数据、人工智能等为代表的全方位科技革命，给世界各国都带来了重大而深远的影响，有的影响甚至是颠覆性的。比如，与4G相比，5G具有大带宽、低时延、大容量等优势，克服了传统网络在速度、时延、传输等方面的局限，催生了人工智能、虚拟现实、大数据等信息技术和智能技术的成熟应用，推动了以学习者为中心的全新教育生态构建，实现了更加开放、更加适合、更加平等、更加可持续的教育。5G新技术的应用，将为实现高等教育现代化提供强大而持久的新动力。

2. 深入把握5G时代高等教育的全面变革

2019年6月，工信部正式向中国电信、中国移动、中国联通、中国广电发放5G商用牌照，标志着我国已正式进入了5G商用元年。回溯历史，移动通信技术的每一次革新都会给高等教育带来深刻变化。5G时代的到来，必将进一步推进高等教育的深刻变革。

(1)推动教学方式互动化、智能化。基于5G技术的特性，一系列新技术、新方法将在教学领域广泛应用，激发学生的想象力和创造力，促进学生对知识的全面理解和掌握。AR/VR全息技术的应用有了更多可能，稳定输出的高清直播将全方位呈现教学活动，可以实现身临其境的沉浸式课堂体验。人工智能应用场景将进一步深化，其营造的智能环境将全方位增强学生的学习认知。远程教育和慕课的体验性、互动性将大幅提升，对教学参与者和教学过程的感知和反馈将更加深刻。

(2)推动培养模式个性化、特色化。在5G环境下，人才培养模式将发生重大转变。学习数据的大规模、高速率、全过程传输反馈成为可能，传统网络和技术环境下学习资源供给千人一面的状况将被打破。教育环境将更加智慧化，无处不在的通信网络和传感设备将打通课内外数据壁垒，促进线上线下课程的融合。教育资源将主动适应个体的特定需求，全面实时的信息感知和数据传输将带来学习场景和特征的精准分析，主动为学生营造学习环境、规划学习路径、推送适应性的学习资源，实现从“人找信息”到“信息找人”的转换。

(3)推动教育资源公平化、一体化。5G强大的技术优势，将突破时间、空间、内容、媒介的限制，为解决高等教育领域的技术性难题提供有效方案：①它将增进教育服务的全面共享，通过优质的教育信息数据高速汇聚和跨空间传输，有助于教育资源的实时共享和互联互通；②它将增强教育服务的协同功能，通过将种类繁多的设备、终端、系统连接起来，有助于教育信息的一体化交互和集成协作；③它将优化教育服务的调节功能，实现教育机会和资源的均等供给，有助于解决我国教育发展不平衡的问题。

(4)推动教育生态网格化、智能化。在智能技术和泛在高速通讯环境下，5G将推动教育生态的融通互联和智慧涵盖，极大提升教育的整体协作能力，信息数据的无阻碍、高可靠传输处理，进而为各类教育提供便利、快捷、高效、智能的服务；将推进各类教育的智能协同，通过利用5G的边缘计算技术，有助于实现教育管理、教学培训、教育服务等业务的特定需求和智能管控；将重构业务流程，5G环境下人与人、人与物、物与物的互联构建，有助于推进教育体系业务流程的高效整合和智慧化转型。

3.抓住机遇推动高等教育的创新发展

创新点亮教育，科技引领未来。面临挑战与机遇并存的5G时代，我们要牢牢把握5G的优势，赋能智慧教育创新发展，支撑和引领教育信息化，可以从以下几方面努力，推动高等教育事业的改革发展。

(1)转变教育理念。只有现代的、科学的教育理念，才能推动高等教育的高质量发展，才能培养担当民族复兴大任的时代新人。为此，要积极推进5G时代教育理念的深刻变革，构建以学习者为中心的教育生态。一方面，要转变知识传授模式。通过5G强化对教育环境的智能构建和对教育过程的全方位感知，突破以教育者为中心的传统教育理念边界限制，打破教育者对知识的垄断，引导教育理念向认知建构转变。另一方面，要构建泛在学习环境。利用5G在突破时空、快速传播、手段丰富等方面的优势，跳出传统教育实现方式的局限性，增强教育理念功能在纵横两个维度的拓展延伸，实现全民终身学习，特别是要推动个性定制化精准教育。

(2)加强学科建设。5G对各行业的革新将促生相关学科的优化转变，并带动新兴学科的衍生发展，强化5G技术对新时代学科建设的深入赋能与高度参与。第一，要促进学科建设与人才培养目标相适应。借助5G及其相关技术的优势，不断优化学科与人才培养的匹配度，满足人才培养的个性化需求和面向未来的适应性。第二，要促进学科建设与经济、社会发展需求相结合。充分挖掘5G技术对制造、交通、医疗、公共服务等行业及人工智能、虚拟现实、大数据等关联技术的支撑辐射作用,并深度融入学科建设全过程。第三,要促进学科之间的跨专业融合。围绕5G及其相关群体技术布局和建设一批新兴学科,打破学科壁垒,推动学科之间深度交叉,建立学科发展的新增长点。

(3)深化教育教学改革创新。教育教学改革是人才培养机制改革的核心,要以5G技术为牵引深化教育教学改革创新,提高人才培养质量。第一,着力推动教学内容的改革,立足5G技术提供的智能互联环境,不断进行知识更新迭代,使高校教学内容充分反映学科研究新进展、相关实践新经验、人的全面发展新需要。第二,着力推动教学方法的改革,发挥5G技术在营造沉浸式、跨区域、虚拟化教学环境方面的优势,鼓励采用参与式、讨论式、交互式的教学方法,促进教师丰富教学手段、提高教学效果。第三,着力推动教学管理服务提升,加强5G技术在教学管理过程中的应用,建立更加灵活精准的教学管理服务体系,构建全方位的支撑保障体系。

(4)推进教育治理体系和治理能力现代化。教育治理体系和治理能力现代化,是国家治理体系和治理能力的重要内容,也是新时代深化教育改革的重大命题。要借助5G优势,构建多元参与的教育治理新机制,形成多元主体、大规模意见交互,提升科学决策、民主决策水平,提升教育治理的多元性和参与性。要借助5G优势,提升教育公共服务能力,加强对5G技术无差别、低延时连接特性的运用和把握,破解教育管理服务存在的障碍,深化高等教育领域“放管服”改革,实现资源共享,让数据多跑路、师生少跑腿,提升人民群众的幸福感、获得感。要借助5G优势,提升高校办学治校水平,推进5G及其群体技术与教育教学融合,打造智慧化的工作、学习和生活一体化环境。合理布局5G网络基础设施和感知终端设备,强化数据的采集、处理、计算、共享能力,加强业务协同,促进流程再造和优化,增强服务师生效能,提升办学治校水平。

三、未来的发展趋势

1. VR课程情境化

近年来,VR(虚拟现实)技术已经广泛应用到K12教育、中职教育、高等教育等教育领域中,比如,“VR+汽车维修教学”“VR+室内设计教学”“VR+化学教学”“VR+语文教学”“VR+科普教学”等VR课程,能够增强学习的趣味性,缩减学习时间,提升学习效率,降低学习成本。同时,VR课程也被视为一个教育培训和评估比较有效与可靠的方法。在5G的支持下,4G网络数据传输速度与大脑反应时间不同步的延迟问题,将得到有效解决。

VR课程作为未来的学习资源,将迎来全新的发展机遇。比如,当讲授远古生物的时候，要提到恐龙这种生物，由于恐龙已消失，我们无法带学生去动物园观看。而书本上有关"体长、臀部高度、头高、体重"的文字描述会让一些学生感觉茫然，难以在头脑中构建"霸王龙"等的形象。而基于情境认知、具身认知理论的"5G＋VR"远古生物课程，可为学生创设一个白垩纪晚期霸王龙生活的学习情境，将霸王龙的相关知识以各种活动、任务或项目的形式，呈现在虚拟的学习情境中，有助于情境学习的开展。学生在身临其境般的情境中进行协作、反思与实践，全方位地了解霸王龙的体长、头高等信息。学生甚至还可以俯身"测量"霸王龙的大脚印，从而提高学生的参与性。在教师指导与实时反馈下，学生在这种情境学习过程中，思维与行动能力会不断提高。

2. AR课程具象化

近年来的研究表明，从增强故事书到教育中辅助智力障碍人士的工具，以AR实景（虚拟、现实之间互动的技术）形式呈现的教育内容，被证明是有效和吸引人的。比如，涵盖初中、高中各个阶段的化学学习课程的Elements 4D，学生可以亲自尝试实验室中未能完成的相关实验，通过虚拟试剂的添加，可近距离感受实验过程。使用AR进行学习的效果，要好于常规的学习效果，能够有效提升学生的动手能力，可以有效促进学生之间的协作学习与探究活动开展。"5G＋AR"课程，将为学生在学习过程中提供基本的认知工具与学习情境。比如，在地理课上，师生将一同"步入"浩瀚无垠的宇宙之中，近距离地感受我们赖以生存的地球；教师为学生讲述地球的自转过程，使学生以更直观的形式理解昼夜更替与地球自转的关系，以及时差与地球自转的关系。在生物课上，教师可带学生一起"走进"植物园，为学生讲述草本观叶类、木本观花类、草本观花果类及藤本观花果类的差异。可见，"5G＋AR"课程为学生提供戴尔经验之塔中"直接的、有目的经验"与"实地考察"等情境体验，让学生置身其中，学在其中、乐在其中。

3. 游戏化课程趣味化

近年来，国内外一些教师依据学生对游戏的好奇心，选取游戏作为教师与学生沟通的媒介，以游戏化的方式开展学科知识的学习。不仅激发学生的学习动机，而且可以提高学生的积极性与参与性，培养学生解决问题的能力，提高了学习效果，让学习变得更精彩。如今的学生从小就接触各种数字化游戏，我们需要将游戏元素及机制带入学习中来，丰富学生的学习体验。5G与游戏、课程的结合，会提供全新的技术支持，充分发挥游戏化课程快速、高效获取知识的优势。因此，5G＋游戏化课程的设计，将以充分考虑学生认知、身体与环境的相互关系及学生的个性差异为重点。注重学习环境的设置、学习动机的激发、学习内容的选取、学习工具的支持，并将宝藏、奖励、随机惊喜等游戏奖励元素加入进来，充分调动学生的视觉、听觉、触觉等多种感官，在游戏化的情境中将文本、图形、图像、声音、动画等元素与AR、VR、3D/4D打印等多媒体技术相融合，增加学习过程的具身体验，实现多模式学习与互动，充分发挥学生的主体性。

第七节　新媒体运营

新媒体运营，是通过现代化移动互联网手段，利用抖音、快手、微信、微博、贴吧等新兴媒体平台工具进行产品营销的一系列运营手段。通过策划与产品相关的优质、高度传播性的内容和线上活动，向客户广泛或者精准推送消息，达到相应的营销目的。

一、新媒体运营基本理论

从信息传播角度来分析，新媒体运营工作主要有四个目标：①拉新，用最低的成本获取最多的潜在流量；②留存，避免现有用户流失和使流失用户回归；③促活，刺激用户活动，提高营销转化率；④转化，增加用户和产品的黏合度，促使用户对产品保持兴趣，进而促进用户充值和消费。

新媒体成本低廉、传播速度快、覆盖范围广，还有微信、微博和自媒体等多种平台，诸多优点对品牌信息传播具有极大的优势与潜力。但是，在新媒体运营的过程中，策略的制定不能局限于流量信息内容的打造，还需要准确定位信息内容传播的目标用户，综合运用数据化思维、平台思维和用户思维等整合运营的思维方式来经营“粉丝”。

1. 新媒体运营的常规思维

(1)数据思维是一个综合性思维。根据推文发布、产品转化率或开展活动反馈的具体数据等进行理性思考和分析，并能够将数据关联到管理流程和制度中，进而提出改进措施或准备下一步的行动计划。

(2)用户思维是互联网思维的核心。新媒体运营活动和信息内容创作等各个环节都要以用户为中心，深度理解用户需求，注重用户体验与用户交互两大核心，增强产品或品牌的生命力。

(3)平台思维即多主体开放、共享、共赢互利的思维。用优质平台引进资本、技术、人才，同时通过优质平台让资本、技术、人才与原有优势资源重新优化组合，实现产品与用户的直接连接，形成强大的核心竞争力，创造出新的活力和效率，实现品牌和产品的裂变式推广。

（4）品牌是企业的无形资产，也是产品的附加价值，很多企业在进行运营和营销推广时，选择营销的渠道、营销的价格和促销的模式等都是建立在品牌影响力的基础上营造品牌概念。品牌直接影响用户对产品的认知、认可和评价，以及对信息内容的兴趣程度，因为用户通常会优先选择品牌知名度和美誉度更高的产品，然后再浏览用于运营传播的信息内容。在互联网经济下，大多数产品都处于供大于求的状态，在市场比较饱和的情况下，如果不能保证产品品质，将很难在市场中站稳脚跟。新媒体环境下的用户需求更加个性化，为了满足用户的各种需求，使用户获得完美的使用体验，企业必须提供更极致的品质和服务，才可能获得用户对产品或品牌信息的传播。

2. 新媒体运营能力的构成

新媒体运营能力一般包括写作能力、软件能力、分析能力和营销能力。

（1）写作能力，包括语法、逻辑等基本写作技能，多平台、多风格创作能力。

（2）软件能力指具备基本的软件操作能力，熟练掌握在线新媒体编辑工具的操作方法，如 Photoshop、Office 等的操作。

（3）分析能力，包括对企业、品牌定位、目标受众消费心理、产品投放渠道及用户反馈的数据分析等。

（4）营销能力，包括对用户需求的洞察能力、渠道整合能力、项目管理能力和人际沟通能力等。

3. 新媒体运营的工作流程

（1）初期筹备是新媒体运营的基础工作，如果缺少了这项基础工作，后续的运营工作将变得毫无意义。初期筹备工作主要包括用户画像、产品分析、竞品分析和运营策划。

（2）制定目标是新媒体运营工作的第二个环节，主要是设定运营目标并制定相应的计划。①设定目标。任何岗位的工作都需要设定目标，新媒体运营工作的最终目标是把潜在用户转化为付费用户，实现用户转化和经济收益。②制定计划。制定计划就是把运营目标中的某项指标，拆解为每月的工作任务，再拆解为每周的工作任务，甚至是每天的工作任务。

（3）内容创作通常被看作新媒体运营的主要工作内容，信息内容创作环节也是新媒体运营工作流程中占据时间比例最大的环节。内容选题的目的是让运营相关的信息内容能够更好地吸引用户。内容呈现就是创作不同形式的信息内容的过程，信息内容的形式包括文字、图片和音视频等。内容投放就是信息的发布和传播，根据目标用户画像，选择合适的新媒体渠道和平台进行推广。新媒体运营人员需要了解所选平台的推广特性，掌握推广账号的后台管理机制。

（4）为了进一步优化信息内容定位和渠道选择，更好地实现新媒体运营的目标，需要收集和分析用户反馈的数据，根据反馈数据分析出目标用户对哪些选题和选题的哪些信息内容最感兴趣（阅读量），以及目标用户的阅读习惯（查阅时间），然后根据分析结果为后续的运营提供更精准的信息内容定位和推送时间。选出推广效果较好的平台，有重点地进行信息内容的传播。

二、新媒体的内容运营

1. 内容运营的功能

新媒体的内容运营是指在新媒体平台中通过合理的信息内容创作、发布及传播，向用户传递有价值的信息，从而获得跟内容相关的数据，包括信息内容的数量、浏览量、评论量和转发量等。内容运营对新媒体运营的整体效果起着至关重要的作用，主要表现在以下三个方面。

（1）提升营销效果。新媒体运营的终极目标是实现经济效益，使普通用户转化为付费用户。

（2）提升知名度。新媒体运营的另一个目标是提升产品或品牌的知名度，使用户可以通过新媒体传播的信息内容了解产品或品牌。

（3）提升用户参与度。新媒体运营需要与用户持续性互动。创作和传播具有创新性和话题性的信息内容，可以引导用户参与互动，提升用户的参与度。

2. 内容运营的核心环节

（1）内容定位。根据产品或品牌的特性、用户习惯、投放渠道等设计别具匠心的表现形式，如软文、新闻稿、音视频、动画和信息图等；根据素材风格及运营策略可分为热点性内容、时效性内容、持续性内容、方案性内容、实战性内容和促销性内容等类型。

（2）平台定位。新媒体内容运营的常见平台有微博、微信、百度贴吧、论坛、网络社区和各种自媒体平台等。

（3）维护用户。根据平台中信息内容的阅读数、转发量和点赞数等进行效果分析，维护用户，包括粉丝量、转化量和活跃度等。

三、新媒体的用户运营

用户运营是指以用户为中心，按照用户的需求设置运营活动与规则，制定运营战略与目标，严格控制实施过程与结果，以完成预期的运营目标与任务。用户运营需要贴近用户、团结用户、引导用户去使用产品，和他们变成朋友、建立社群，这些都是用户运营的工作，特别是社群工作，是可以带来口碑传播和用户凝聚力的，这个工作是用户运营的重点。

用户运营的目标主要有四个方面：

(1)增加用户。获取用户是新媒体通过用户画像、调查和需求分析等工作，确定目标用户群体，最大限度地将潜在目标用户转化成自己产品或信息内容的用户。从运营的角度来讲，可以将用户分为老用户和新用户，老用户的数量受产品的功能、体验及品牌等多种因素的共同影响；新用户由用户运营来主导，可以通过公司合作、友情链接、购买推广、网站联盟等方式来吸引用户眼球。用户运营手段科学合理且具有创新性，就能吸引更多的新用户，同时通过新用户的运营来实现老用户的增长。

(2)提高用户活跃度。活跃度指标代表用户对产品的使用程度，可以通过用户日开启率、启动频次、停留时长等指标来测量。提高用户活跃度的关键在于产品本身特点、功能及品牌等方面的完善和创新，可以通过以下方法来提高用户活跃度：①建立完善的用户成长体系，如福利驱动、内容驱动、功能驱动；②开展线上线下活动，在平台上解答用户的问题，与用户互动，制作抽奖小程序等；③深入了解用户，提供个性化服务等。

(3)保障用户留存率。在互联网行业中，用户在某段时间内开始使用应用，经过一段时间后，仍然继续使用该应用的用户，被认作是留存用户。留存用户的留存率体现了应用的质量和保留用户的能力。留存率反映的实际上是一种转化率，即由初期的不稳定的用户转化为活跃用户、稳定用户或忠诚用户的概率。留存率是衡量产品和市场匹配度的指标，也是目前为止衡量产品增长率的最佳杠杆，其计算公式为：留存率＝沉淀用户数/新增用户数×100%(一般统计周期为天)。

(4)加强用户口碑传播。口碑能够直观地体现企业的品牌或产品在网络上的知名度和好评度，能够直观地影响消费者对产品的认可程度及购买意向。①制造“引爆点”，形成热门事件，引发广泛传播；②清晰定位，绑定流量IP，炸裂粉丝领域；③场景与故事并进，将产品或品牌人格化、情感化和游戏化，吸引更多的潜在目标用户。

四、新媒体的产品运营

产品运营是指从内容建设、用户维护、活动策划三个方面来连接用户和产品，并产生产品价值和商业价值的新媒体手段。产品类型可以分为平台产品和入驻产品。

1.平台产品的运营策略

平台产品是指新媒体平台自身不销售产品，而是通过构建产品交易平台系统来连接用户和产品供应商。平台的价值在于连接，而连接的基础是平台人气。只有持续获取新用户、吸引新入驻者、鼓励入驻者发布新产品或内容，才能稳步提升平台人气。为了提升平台人气，平台运营者通常采取的运营策略有规则引导、活动统筹、渠道搭建等。

(1)规则引导。清晰准确的运营规则能够在平台运营过程中友好地引导入驻产品和用户的行为，保证平台的生态环境稳定循环。

(2)活动统筹。将整个平台的商家活动组织在一起，进行统一联动，活动统筹的规模越大就越容易得到用户和媒体的关注，能在一定程度上提升平台的热度。

(3)渠道搭建。通过各种方式来建立引流渠道，吸引用户使用平台，常用的引流渠道包括官方微博、微信公众号和官方自媒体，以及合作的网站和付费广告等。

2.入驻产品的运营策略

入驻产品可以细分为实体类、内容类、应用类三类。实体类入驻产品是指通过电商平台销售的产品，如服装、食品、电器、书籍等。内容类入驻产品是指通过内容平台销售的信息内容类产品，如"得到"的专栏、"知乎"的 Live、"云课堂"的课程等。应用类入驻产品是指通过应用市场下载的产品，如 APP Store 的软件、微信小程序等。入驻产品的运营策略是排名优化、口碑传播等。

(1)排名优化。平台更关注流量，入驻更关注排名。平台官方运营团队通常会投入大量资金与人力提升平台流量，提升自身的排名，将平台流量有效地引导至产品页面。各大平台一般都有搜索功能，有搜索功能之处就有排名。产品排名越靠前，曝光效果越好。因此运营者需要在标题、描述、销量、评价四个方面进行优化。

(2)口碑传播。入驻平台的团队以中小企业甚至个人居多，因此在产品运营过程中，要充分利用热点事件吸引流量，制造具有舆论性的话题，将产品与公益活动结合起来实现以口碑赢得用户。

3.产品生命周期中运营重点的调整

互联网产品生命周期是指互联网产品的市场寿命，即互联网产品从进入市场到退出市场为止所经历的市场生命循环过程。互联网产品的生命周期可以划分为五个阶段，即验证期、启动期、增长期、稳定期和衰落期。不同阶段有不同的运营重点：在验证期，产品运营的重点是产品模型和内部验证；启动期的重点是产品优化和口碑传播；增长期的重点是事件策划和渠道发力；稳定期的重点是促进活跃和提高转化；衰落期的重点是产品转型和用户导流。

第八节　新媒体营销

一、新媒体营销的概念

新媒体营销指利用新媒体平台进行营销的方式。新媒体传播时代，营销方式也发生了变革，呈现出沟通性、差异性、创造性、关联性和体验性等特点。技术的发展促使营销手段的改变。传统营销追求"覆盖量"，基于新媒体营销突破了传统的营销模式，不仅能够精确获取访问量，还能够收集整理出访问的来源、访问时间、用户年龄、用户地域、生活习惯、消费习惯等信息，相比传统营销，新媒体营销更精准、有效。新媒体营销为用户提供了广泛参与的机会，将过去的单向传播转变为双向传播、多向传播，传播者与用户之间地位更为平等，以数字化形式传播，可以轻易复制扩散，容易引起病毒式的传播风暴。

新媒体营销是新媒体时代发展的必然产物，是在特定产品的概念诉求的基础上，对消费者进行心理引导的营销推广方式。从本质上来说，它是企业软性渗透的商业策略在新媒体形式上的实现，通常借助媒体表达与舆论传播使消费者认同某种概念、观点和分析思路，从而达到企业品牌宣传、产品销售的目的。从大众传播到数字化一对一、一对多、多对多传播的改变，意味着以往采用的到达率和频次的广告付费方式的转变。虽然一些基本的营销准则仍会存在，比如产品定位和市场区隔，但新媒体营销的渠道将消费者连接起来。营销策划建构在消费者实际行为的实时数据的基础上，并不断演化。经由新媒体传播的信息通常是可检索寻址的，这也使得营销人员可以跟消费者进行持续、双向、个性化的对话。这种信息采集方式可以从一个消费者到另一个消费者。与此同时，营销人员也可以持续利用实时信息和用户响应来完善、优化这种互动。

数字技术的利用，使设计产品和服务的方式、生产、定价、分销及促销的方式正在从根本上发生着改变。当数字通信工具被引入经济中时，我们正在走出大众营销环境，它是被那些诸如杂志、报纸、广播、电视、电话及邮政运送的通信工具驱动着的，走进被数字通信工具所界定的营销环境中来。在营销环境里使用数字技术，并不意味着在报纸和杂志上做广告的方法过时了，也不意味着直接邮寄广告和电话销售就不存在了，更不意味着对客户按兴趣分类和电话调查之类的市场调研就没有必要了。营销环境会被数字技术所统治，而且变得复杂得多，传统手段会成为它的一个组成部分。

二、新媒体营销的特征

不同于传统媒体，互联网技术使信息的非对称性大大降低，消费者可以更早了解关于品牌的相关知识，减少选择时间，而对于企业可以更迅速地了解消费者的刚需，从而迅速做出回应；新媒体的传播速率较快，话题度较高，能够快速引起消费者的关注和共鸣；在新媒体营销中，一项交易往往会涉及多重买卖关系，整个产业的利益链会面临重构。这些都使新媒体营销呈现出传播性、简便性、创造性、竞争性等基本特征。

1.消费者变被动为主动

在新媒体时代，消费者不再只是传播对象和旁观者。新媒体营销给予了消费者更多的主动权，消费者之间也有了更多关联，加上移动终端(智能手机、上网本、平板电脑)的普及，消费者可以随时随地参与互动。如今的消费者更乐于主动参与而不是被动接受，他们会在网站、博客、播客、微博中表达自己的意愿，他们会主动地利用各种渠道去比较、判断，甚至向产品及背后的服务人员提出质疑。原本从营销或商业角度都不是制作人的消费者，现在可以代替制作人，甚至把工作做得更好。新媒体时代，每个人都是创造者，通过网络发布内容，营销人员也因此可以利用消费者的创造力，发动大规模的传播。在整个营销活动中可以让消费者真实地参与进去，同时建立起有效的反馈机制，使得品牌方可以迅速了解掌握消费者对产品信息的意见，便于随时跟消费者产生互动，了解消费者的潜在需求，拉近与消费者的距离，从而提高产品的宣传力度。

新媒体的终极价值在于赋予人类更大的自由度。营销人员必须明白用户在哪些方面的自由度被放大了，营销活动才能有的放矢。首先，新媒体的蓬勃发展使得人们可以随时获得需要的信息，越来越多的内容可以被平移，如今许多人都不看电视，智能手机加上网络，使人们随时随地可以获取音乐、新闻、视频的内容。其次是空间的自由。新媒体上的内容早已突破国界，人们可以轻松跨越国界，连接到想要连接的网站，所有的信息都具备全球化的潜质。再次是规模的自由。新媒体营销是目前最灵活的营销模式，可以覆盖所有人群，也可以只针对某部分特定人群。最后是形式的自由。以往的营销传播形式相当程式化，电视广播广告、报纸杂志等平面广告的传播形式比较单调。新媒体营销则不然，视频、博客、微博可长可短，表达方式也千变万化，可以是剧情的短片，也可以是长篇阐述，或者是语录体的短文。

2.从追求覆盖量到创造持续参与感

广告覆盖量曾经被视为营销最主要的指标，随着新媒体与消费者接触的渠道与日俱增，覆盖量的重要性也越来越低。新媒体拥有适合广泛传播的天然环境，有效的新媒体促销活动能够达到的效果,远远超过它的支出。因此,传播的效果不单指知名度的扩展,也指消费者互动与涉入的程度,营销部门必须放弃"每千人成本"的想法,深入洞察哪些渠道可以产生更多和参与者的互动。参与者的互动不仅要看用户花费的时间,还要看用户是否兴致勃勃地参与其中,做出响应并互相交流。新媒体营销人员需要和用户持续对话,也需要精准的策划与明确的主张。

新媒体营销可以把数字信息处理成很有趣的形式,让客户自觉自愿地回头来看。在传统的大众媒体广告中,着重注意煽情,因为传达信息的时间很短或者篇幅很小,但是新媒体营销却不受这种限制。不用增加太多成本就可以在广告中加入任意多的信息。在本质上,用户需要的是信息,而不是销售时的过分夸张,新媒体营销的促销手段更多地关注思考与逻辑,因此,能够长久地吸引住用户。

3.瞄准目标用户,投其所好

随着5G终端设备的大量涌入,新媒体营销被带入算法时代。用户的人群画像、行为习惯会更加清晰。以零售业的发展为例,在5G时代,高速运转的数据可以让营销对象变得更加精准,投放更加准确,完成对线下传统零售的全方位的互联网升级和改造,一个全新的零售方式,即线上和线下结合的新零售方式产生了。

用户每天都习惯通过手机和电脑来获取自己想要了解的信息,新媒体将碎片化的商业广告、新闻资讯和娱乐等信息内容推送到用户的手机和电脑上,适合当下新媒体用户的碎片化的生活状态,在为用户节省时间的同时,最大程度地达到了市场营销的目的。信息可追踪,也就意味着即使无数人使用同一种传播工具,营销人员还是可以和每一个用户直接沟通。一个具有互动能力的新媒体平台,人们会自然而然地接受并产生互动,这是人类的天性。

在传统的营销环境中,各阶段按逻辑顺序来实现。每件事都发生得很慢,反馈需要几个月,甚至几年。每做一个决定都需要收集一个阶段的相关信息。如果发生了一个错误,在发现并修正它之前的很长时间里,这个错误不为人所知;如果结果尚能让人满意,成功需要几个月的时间,但这样浪费了时间和潜在的赚钱机会。相反,数字营销在本质上是并行的,不是线性的。在这种并行的环境中,所有的营销步骤同时发生,即市场调研、产品开发及客户反馈都同时发生。

4.用高质量的创意内容增强用户黏性

品牌的内容营销离不开高质量的创意内容,这就是为什么现在品牌纷纷进行升级的原因。品牌在面对更加复杂的受众需求之下,要懂得适时改变,利用创意进行自身的营销包装、跨界营销,与其他品牌形成明显的差异点。

三、新媒体营销的主要渠道

在新媒体营销活动中,最重要的是找到适合自己的传播平台,然后策划出一个具有高度互动性的创意来鼓励消费者积极参与，通常消费者也会根据自己的爱好和需要来帮助调整具体内容。

1. 微博营销

根据顾客的反馈与市场情报作出商业决策是最明智的行为。许多社交媒体平台通过图片广告、视频广告、橱窗广告等多种形式呈现品牌特征，多维度展现品牌魅力，从而沉淀忠实“粉丝”，带来更精准的询盘。

微博营销是指通过微博平台为商家、个人等创造价值而执行的一种营销方式，也是指商家或个人通过微博平台发现并满足用户的各类需求的商业行为方式。每一个受众都是潜在的营销对象，企业利用更新微博向受众传播企业信息和产品信息，树立良好的企业形象和产品形象。每天更新内容就可以跟受众交流互动，或者发布受众感兴趣的话题，这样来达到营销的目的。微博营销注重价值的传递、内容的互动、系统的布局、准确的定位，微博营销涉及的内容包括认证、有效“粉丝”、朋友、话题、名博、开放平台、整体运营等。无数微博创作者就自己感兴趣或者内行的话题发表观点，使得微博这种传播渠道更像一个全球性的论坛。

微博营销包括个人微博营销、企业微博营销和行业资讯微博营销三种类型。个人微博营销是由个人本身的知名度来得到别人的关注和了解的，他们通过微博让自己的“粉丝”了解自己、喜欢自己，微博在他们手中也就是用于平时抒发感情，功利性并不是很明显，营销效果一般是由“粉丝”们跟踪转帖达到的。企业微博营销一般是以营利为目的，企业通过微博来增加自己的知名度，最后将自己的产品卖出去。因为微博更新速度快，信息量大且内容短小，而企业知名度有限，往往不能给消费者一个直观的商品解读，这就要求企业在做微博营销时，应当建立起自己固定的消费群体，与“粉丝”多交流、多互动、多做企业宣传工作，引导“粉丝”参与公司的活动甚至是新产品的开发活动。行业资讯微博营销以发布行业资讯为主要内容，往往可以吸引众多用户关注，类似于通过电子邮件订阅的电子刊物或者 RSS 订阅等，微博内容成为营销的载体，订阅用户数量决定了行业资讯微博的网络营销价值。因此，运营行业资讯微博需要在内容策划及传播方面下很大功夫。

微博对目标群体越有价值，对其掌控力也就越强，微博主应该为目标用户群体持续提供感兴趣、有价值、透明而且真实的信息，包括优惠信息或危机信息。很多企业微博常采用给浏览者提供一些限时抢购、优惠券、赠品等手段进行宣传与推广来吸引目标消费群体，企业还可以为目标消费群体提供感兴趣的相关资讯、常识、窍门，也可以以自己的微博为媒介平台，连接众多目标客户，如俱乐部、同城会等，打通线上与线下，让微博能够发挥更多的功能与实际作用，这样才能构建出一个拥有高忠诚度与活跃度的企业微博。

2. 搜索引擎营销

搜索引擎营销，就是基于搜索引擎平台的网络营销，利用人们对搜索引擎的依赖和使用习惯，在人们检索信息的时候将信息传递给目标用户。搜索引擎营销的基本思想是让用户发现信息，并通过点击进入网页，进一步了解所需要的信息。企业通过搜索引擎付费推广，让用户可以直接与公司客服进行交流，达成交易。搜索营销的最主要工作是扩大搜索引擎在营销业务中的比重，通过对网站进行搜索优化，更多地挖掘企业的潜在客户，帮助企业实现更高的转化率。

搜索引擎营销分为自然搜索和付费广告。自然搜索就是通过一些多媒体技术出现在搜索引擎的首页或者靠前位置。付费广告通过出价竞争的方式以广告展示形式传递到搜索引擎的结果展示页。相关数据显示，搜索的高峰发生在信息流高峰的后几天，起到了承接品牌营销的作用。品牌专区模式主要适用于大品牌客户，既可以进行品牌传播，又可以直接发展电子商务业务。

中国搜索引擎的媒体化发展，以及在为大品牌广告主服务的过程中，形成了特有的广告展示方式，即“品牌专区”模式，按照大品牌广告主的要求，将近期要发布的详细信息展示在左侧结果列表首位，并在右侧赞助商链接的位置展示与其一致的品牌图形广告。这一模式对大品牌广告主而言，一方面能够满足其付费搜索广告的精准信息传播需求，另一方面能够满足其通过图形广告树立品牌形象的需求。

品牌专区类广告形式的出现，为大品牌广告主提供了三个方面的帮助：①从对品牌树立帮助来看，允许大品牌广告主自由决定搜索结果的板块内容，即允许大品牌广告主将自己的网站内容浓缩在一个搜索结果中；②从对销售促进的帮助来看，能够实时更新产品信息，将最新的促销信息实时呈现；③这类广告形式还为大品牌广告主提供了良好的公关平台。新广告形式的出现，为搜索引擎营销的投放策略提供了良好的铺垫。

四、新媒体营销的基本原则

营销环境与生态在不断地发展与变化，营销方面临着前所未有的挑战与机遇。大多数营销服务公司面临着平衡现有发展水平和创新项目之间的矛盾，资源分配是一个艰难的决策过程。

1. 建立新媒体营销思维

新媒体营销方面临的最大挑战是瞬息万变的传播环境。无论是传播的平台，还是消费者的趣味，都以超越以往的速度进行快速地切换，要求营销人员具有极为敏锐的感知力、沟通力和创意力。原来的大型营销组织，面临着巨大的挑战，而小型营销组织也面临着缺乏规模化效益和把控头部资源能力的局面。新型的营销需求逼着整个营销产业链结构只有不断地自我更新，才能生存与发展。

运用好“注意力经济”的逻辑，打造“线上＋线下”多渠道销售模式。现在的年轻人创造了很多网络语言，也有很多新想法、新玩法、新吃法，他们的消费动机与渠道多来自社交，因为他们喜欢互动。营销方就要主动调整自己的位置，顺应新媒体用户的普遍意愿。针对年轻人，注重打造以“两微一抖”为主的新媒体矩阵，为消费者提供产品信息并进行互动；同时根据产品目标消费群体的喜好，策划好广告；根据目标消费群体的收视媒体，去投放广告，提高广告的宣传效果。

营销方必须拥有策略先行的意识，紧跟潮流趋势，主动进行自身能力迭代，深入洞察目标用户，找准市场痛点，才能集中力量解决主要问题，抢占先机，更好地服务客户，才能实现品效合一。

2. 创造品牌营销价值

在消费升级和互联网全面普及的大环境下，传播媒介更加碎片化和多元化，用户心智也随之提升。营销不再是单方面的信息输出，更是一种与用户沟通和交流的方式。娃哈哈集团创始人兼董事长宗庆后在《互联网时代，“谁来买”“谁来卖”?》一文中提出：“在互联网时代，着力解决好‘谁来买’‘谁来卖’这两个问题，用新技术赋能，避免被颠覆，是企业生存并获得持续发展的关键。”

企业需要将良好的用户体验、互动体验和营销活动结合起来，可以建立一个与客户长期互动的平台，为客户提供一个沟通的基础和氛围，通过开展互动整合营销，可以实现品牌、产品的推广，实现各种营销的目标。以互动为基础的营销满足了人类的本质需求，许多企业的实践也已经证明了这点。例如，娃哈哈集团为保证新品研发能满足消费者多样化、个性化的需求，除了进行扎实的实地调研之外，还打造了“哈宝游乐园”平台与消费者进行互动，进行消费者的反馈和数据收集，建立起属于自己的饮品消费信息数据库。在大数据的支撑下，消费者群体形成了精准画像。根据娃哈哈的数据显示，消费者对于食品安全、环保材料、保健等方面的需求持续走高。同时，为响应国家的“健康中国”战略，娃哈哈集团利用中医食疗传统理论和现代生物工程技术，把饮料产品从“安全”推向了“健康”的发展方向。目前，娃哈哈集团已经开发了具有健康功能、可缓解现代人亚健康的食品饮料，如针对年轻消费人群，开发创新的时尚饮品；针对老年人、儿童、女性、运动人群等不同目标者的精细化需求，开发高品质、独特性、功效显著的保健食品产品群。

互动营销的前提是良好的产品和服务，如有竞争力的功能、质量、价格和完善的渠道。如果营销活动顺利地吸引了客户，产品体验这关过不了，也不会形成良好的口碑，反而会带来负面影响。事实上，新媒体营销互动的四个步骤是开展良好的用户体验、激励用户表达日常传播和互动活动、产生共鸣和认可，将正面信息扩散是一个环环相扣的链条，任何环节出了问题，都会导致营销活动的失败。

3. 找到“引爆点”

美国作家格拉德威尔在《引爆点》一书中提出：“当我们试图使一种思想、一种观念、一个产品为别人所接受，我们实际上是在改变我们的听众，虽然是从小的方面，但却是很重要的方面在改变他们。这个目的可以通过特殊人群，即那些有着非凡人际关系的人的影响力来实现。”也就是说，只要接触到信息的“守门人”，就能够接触到其他更多的人。

通常来说，新媒体世界里有几种人可能成为新媒体营销的突破口。第一，生产-消费者。生产消费者会参与产品的设计和生产过程中，以其对新产品的狂热和对新思想的积极接纳而闻名，他们聪明、活跃、精通技术。从营销的角度看，他们与早期使用者非常相似。他们通常是第一批对产品作出评价的消费者，决定该产品是否受欢迎，并且举出各种理由和事实来支持他们的决定。对企业来说，赢得他们是一场至关重要的战役。第二，版主、论坛管理员。他们在某些方面有相当的专业能力和个性化的展示，集聚了大量的粉丝。如百度贴吧的某些管理员就有很强的号召力，“粉丝”数量甚至多达几十万，他们经常组织活动，开展讨论，有很强的议题设置能力。第三，活跃用户，即善于反馈意见的人。比如，他们是畅言云评、大众点评网等网站上重要的发声者。

思考题

1. 试分析网络政治参与对构建大学生国家认同意识的重要价值。
2. 结合地方政务门户网站分析政务新媒体的发展情况。
3. 政府机构应如何利用微信？
4. 以微博为例，谈谈长尾理论的应用。
5. 剖析一个成功的新媒体营销案例。
6. 选择一个最喜欢的新媒体广告，并加以分析。
7. 试分析智媒时代的一种文化现象。
8. 如何在新媒体时代坚持文化自信？

第五章　新媒体的发展

随着网络技术、信息技术和数字技术的飞速发展，舆论生态、媒体格局、传播方式等都在发生深刻变化。20 世纪 90 年代以后，媒介功能开始从分散走向融合。融合，既代表着开放和包容，又代表着优势资源的整合。随着融媒体时代的到来，众多主流媒体都在全新的媒体运作中进行着自我变革。《人民日报》早在 2018 年 9 月便于与 B 站联合发起媒体融合公益基金，尝试从基础上解决媒体融合发展过程中存在的人才培养、内容激励等方面的问题。

一、国外媒体融合发展现状

面对新媒体的冲击，传统媒体并没有逐渐消亡，而是在融合中逐渐探索新的出路。一方面，传统媒体变革新闻内容生产方式，将社交媒体纳入新闻报道来源。2018 年传统媒体引用 Facebook 和 Twitter 的新闻报道占比 5%；另一方面，在地方新闻生态系统中，新媒体也无法取代传统媒体的特殊地位，皮尤研究中心发现，美国 41%的用户偏向于从电视上获取地方新闻，该比例远远超过互联网、报纸和广播。传统媒体着力探索的新闻付费模式也取得了一定效果。

用户新闻获取途径也逐渐发生变化，基于社交媒体的新闻传播更加私密化。视频、语音、可穿戴设备成为媒体行业增长点和发展方向。大数据、人工智能等新兴技术逐步应用于多元场景和多重领域，借以分析和洞察用户偏好和多元化需求。

二、国内媒体融合发展现状

2019 年是我国推进媒体深度融合的关键一年，推进媒体融合的工作重点已经从省级以上媒体延伸到基层媒体、从主干媒体拓展到支系媒体。目前中央、省市级媒体已经基本完成媒体融合建设，区县级媒体融合的进程也显著提速，全面铺开。

1. 县级融媒全面系统展开

中央广播电视总台先后成立创新发展研究中心、技术局、国际传播规划局、民族语言节目中心等，加快媒体融合的进程，为其他省市级、县级媒体提供技术、平台和人才等支持，总台推出“全国县级融媒体智慧平台”。闪电新闻客户端（山东县级融媒体中心省级服务平台）携百家融媒体及党建号集体入驻新华号，真正地做到了中央、省、市、县四级融媒内容一键分发、一体化传播。

跨界合作推动深度融合，“广电＋报业”加快转型升级。全国广电集团加快“全国一网”的进程，加快行业转型升级。主流媒体借助新兴技术实现转型升级，并打造优质融媒体作品，从而提升了其传播力和影响力。

媒体行业在融合的过程中逐渐探索新的业态和内容。有的通过将消费者偏好与厂商对接开拓下沉市场，有的在团购和外卖之外拓展住宿、零售、出行等本地业务。

2.技术革新助力新媒体行业

5G大容量、高速率、低时延、多连接的技术特点为媒体行业发展提供了技术支持，从内容生产、传播渠道等方面推动行业革新，并加快广播电视媒体优化升级，加速台网融合和智慧广电建设。中央广播电视总台借助5G、4K/8K等新兴技术推出我国首个5G新媒体平台“央视频”。河南广电与华为联合建立“5G＋4K”全媒体生态格局。

3.行业乱象挑战媒介伦理底线

部分媒体为了吸引流量和注意力无视媒体伦理道德，对社会公德和主流价值观造成严重损害。

2018年11月2日，第28届中国新闻奖评选结果公布。与往届不同的是，这届的中国新闻奖首次增设了“媒体融合奖项”。在参评的100件媒体融合作品中，共有50件作品获奖，其中特别奖1件，一等奖10件，二等奖15件，三等奖24件。获奖作品分为包括融媒短视频、融媒直播、融媒互动、融媒栏目、融媒界面和融媒创新六大类型。《中国新闻奖媒体融合奖项评选办法》介绍：“在中国新闻奖中设立媒体融合奖项是顺应传统媒体和新兴媒体融合发展趋势，是巩固宣传思想文化阵地、壮大主流思想舆论的重要举措，有利于贯彻落实中央关于推动媒体融合发展的决策部署，发挥新媒体传播优势，提高新闻舆论传播力、引导力、影响力、公信力。”

这届的媒体融合奖项，具有以下几个方面的特点：①党媒积极拥抱技术，变革舆论引导方式；②短视频、移动直播的常态化体现对于“短”和“快”的进一步追求；③突发灾难事件报道的及时化、现场化彰显主流媒体的责任担当；④提升国际传播能力，变革国际传播话语体系和报道方式，讲好中国故事，传递中国好声音。

第一节 媒介融合的概念与类型

一、媒介融合的概念

媒介融合概念的提出始于20世纪80年代的美国。美国马萨诸塞州理工大学的I·浦尔将媒介融合界定为各种媒介呈现出多功能一体化的发展趋势。美国新闻学会媒介研究中心主任安德鲁·纳齐森将融合媒介定义为“印刷的、音频的、视频的、互动性数字媒体组织之间的战略的、操作的、文化的联盟。”他强调“融合媒介”最值得关注的并不是集中了各种媒介的操作平台，而是媒介之间的合作模式。

媒介融合首先是传播技术的融合，即两种或多种技术融合后，形成某种新传播技术，新传播技术既具有多种技术特点，又有其独特性，由融合产生的新传播技术和新媒介的功能大于原先各部分之和。但是，媒介融合并不只是技术层面，而更为重要的是传媒组织形式的变化，以及由此产生的经营模式和传媒内容的变化，即由单一的生产模式向多样化、集约化生产模式的转变。

二、媒介融合的类型

陈浩文在《媒介融合的分类——以美国媒体为例》一文中，介绍了美国西北大学戈登教授和美国鲍尔州立大学戴默教授等归纳了媒介融合的五种类型。

(1)所有权融合。大型的传媒集团拥有不同类型的媒介，因此，能够实施这些媒介之间的内容相互推销和资源共享，如2000年，美国媒介综合集团在佛罗里达州坦帕市建立了“坦帕新闻中心”，将《坦帕论坛报》、网站 Tampa Bay Online、电视台 WFLA－TV 聚集在一起。虽然这几家媒体有各自独立的人员、办公区域和运作机制，但实行资源共享；2002年，国家新闻出版总署批准组建青岛日报报业集团，标志着青岛市新闻出版广播影视业改革迈出了新步伐，事业发展进入了新阶段。这些中心、集团的建立都是将各自在同一地区所拥有的报纸、广播电台、电视台和网站进行了融合。

(2)策略性融合。策略性融合指所有权不同的媒介之间在内容上共享，如分属不同媒介集团的报社与电视台之间进行合作，相互推介内容与共享一些新闻资源。

(3)结构性融合。结构性融合与新闻采集和分配方式有关。如美国《奥兰多哨兵报》决定雇用一个团队做多媒体的新闻产品，使报纸新闻能够加工打包后出售给电视台。在这种合作模式中，报纸的编辑、记者可能作为专家到合作方电视台去做节目，对新闻进行深入报道与解析。

(4)信息采集融合。信息采集融合主要指新闻报道层面上一部分新闻从业者需要以多媒体融合的新闻技能完成新闻信息采集。兼文字、摄影、视频等多项技能于一身的“超级记者”的工作便属此类。

(5)新闻表达融合。新闻表达融合主要指记者和编辑需要综合运用多媒体的、与公众互动的工具和技能完成对新闻事实的表达。

媒介融合的五种类型中,前三种是根据媒介组织行为来划分的,后两种则是以从业人员的角度进行划分的。

与戈登教授划分不同的是,戴默等几位在美国鲍尔州立大学任教的学者按照新闻融合的程度进行划分。他们在向美国新闻与大众传播学教育学会提交的题目为《融合连续统一体——媒介新闻编辑部合作研究的一种模式》的论文中,提出了“融合连续统一体”的新概念。他们根据自己所掌握的美国及其他国家媒介当时的实际情况,界定了融合新闻的几种模式以及每一种模式的具体含义。

(1)交互推广。交互推广指作为合作伙伴的媒介相互利用对方推广自己的内容,如电视介绍报纸的内容。

(2)克隆。克隆指作为合作伙伴的媒介不加改动地刊播对方的内容。

(3)合竞。合竞指作为合作伙伴的媒介之间既有合作也有竞争。如一家报社的记者、编辑在某电视台的节目中对新闻进行解释和评论,某一媒介为自己的合作伙伴提供部分新闻内容等。作者认为,合作的媒介之间依然存在着相互戒备,在电视上露面的报纸记者不会愿意透露那些构成报纸独家新闻报道的关键信息。

(4)内容分享。内容分享指作为合作伙伴的媒介定期相互交换线索的新闻信息,并在一些报道领域中进行合作,如选举报道、调查性报道等,彼此分享信息资源,甚至共同设计报道方案,但各媒介的新闻产品仍然是由各自的采编人员独立制作的。

(5)融合。融合指作为合作伙伴的媒介在新闻采集与新闻播发两个方面进行全方位的合作,他们的共同目标是利用不同媒介的优势,最有效地报道新闻。多个媒介的记者、编辑组成一个共同的报道小组,策划新闻报道并完成采编制作,并且决定哪一部分内容最适合在哪个媒介上播发。

第二节　媒介融合的条件与意义

一、媒体融合的条件

(一)技术助力,加速媒介融合进程

媒介融合是一次以技术创新为引领的媒体变革。随着5G等信息技术快速发

展，万物互联、万物皆媒的趋势越来越明显。报纸媒介得益于网络，使受众在具备上网条件的情况下，可以不受时间、空间的限制，在线阅读相应的报纸，调阅过往报纸的电子版，从而突破了以往阅读纸媒所遭遇的时空阻隔；电视媒介得益于网络，使受众能在移动的状态中收看节目，这无异于扩大了受众收看电视节目的空间范围；广播媒介得益于网络，不仅保持了听众在移动中收听的固有优势，而且可以使广播延伸到网络所到的任何地方，极大地拓展了广播的传播范围。内容和技术上相互驱动、高度融合。要充分用好信息技术革命成果，大胆将信息通信、人工智能、大数据等方面的先进技术融入新闻信息生成、传播、服务全过程，驱动传统媒体加快转型升级，引领和带动媒体深度融合发展。要统筹各方面技术资源和力量，建好用好媒体融合国家重点实验室，推动实现传媒领域关键核心技术突破和成果共享，抢占全媒体时代技术高地。要坚持技术为内容服务，适用管用、安全可靠，避免片面追求最新、最尖端技术。比如，基于人工智能"深度伪造"的换脸换声技术，存在较大侵权和真实性风险，运用在新闻领域要慎之又慎，确保新闻真实准确。

媒体的发展离不开技术的支持，要实现媒体融合更是如此。报纸媒介得益于网络，使受众在具备上网条件的情况下，可以不受时间、空间的限制，在线阅读相应的报纸，调阅过往报纸的电子版，从而突破了以往阅读纸媒所遭遇的时空阻隔；电视媒介得益于网络，使受众能在移动的状态中收看节目，这无异于扩大了受众收看电视节目的空间范围；广播媒介得益于网络，不仅保持了听众在移动中收听的固有优势，而且可以使广播延伸到网络所到的任何地方，极大地拓展了广播的传播范围。

比如，《人民日报》的"中央厨房"版块一大突出特点就是重视对技术的投入。人民日报媒体技术股份有限公司联合腾讯云共同发布了我国首个媒体融合云服务平台——中国媒体融合云，融合了数据化、移动化与智能化。同时，《人民日报》还简化技术工具，让技术可用、易用、好用，从而为行业的其他媒体人解决技术问题，《人民日报》联合多家企业共同开发的"人民日报创作大脑"创新平台，将人工智能、大数据、虚拟现实等新一代信息技术应用于新媒体领域，形成领先的电子信息＋新媒体的产品和服务。

（二）媒介形态与生态环境变化，促使媒介趋向融合

新媒体的发展改变了传统媒介系统的生态结构，媒介用户由传统媒体单向阅听人的角色转变为可以自主选择和需要个性化定制的用户，媒介消费需求逐渐呈现个性化、多元化与更加细分化的特征。在我国，截至 2020 年 12 月，我国网络新闻用户规模为 7.43 亿，占网民整体 75.1％；手机网络新闻用户规模为 7.41 亿，占

手机网民的75.2%。新媒体分流了传统媒体受众，因此，各类媒体必须积极探索创新发展路径，而媒介融合可以充分发挥不同媒介的优势，使传媒企业的人、财、物、讯（息）等资源实现配置最优化，从而降低生产成本，创造竞争优势，以满足消费者个性化、多元化和更加细分化需求，进而形成全新的媒介生态与竞争的大格局。主流媒体要善于与网红、自媒体合作，突破地域限制，整合全网资源。

比如，《人民日报》的“中央厨房”由空间平台、业务平台和技术平台组成。在业务平台专门设立了总编调度中心，建立了采编联动平台，彻底打通和整合“报、网、端、微”的采访、编辑和技术力量，实现融合策划、融合采集、融合加工、融合传播，真正实现了新闻产品的融合生产。

二、媒介融合的意义

（一）媒介融合为新闻媒体提供更广阔的传播平台

媒介融合优化传统媒体的传播途径，大幅提升传播速度，同时扩大媒体信息的覆盖范围与社会影响力，实现资源共享。比如，央视入驻快手、抖音、Bilibili、喜马拉雅等推出《主播说联播》。又如，《人民日报》已经形成“1＋3＋1”的全媒体矩阵，即“人民日报主体机关报”＋“新媒体端三大平台（人民网、两微两端、电子阅报栏）”＋“中央厨房（全媒体新闻平台）”。《人民日报》的“中央厨房”模式，还为其他媒体提供了媒体融合模式的参考和借鉴。

（二）媒介融合为用户获取信息提供更多样化的传播渠道

报纸、电视等传统媒体没有简单地“舍报（屏）取网”，而是重塑组织架构，坚持和新媒体融合发展，通过流程优化、平台再造，实现各种媒介资源、生产要素有效整合，实现信息内容、技术应用、平台终端、管理手段共融互通。

新华社客户端是国家通讯社移动门户和新媒体旗舰、中国新媒体国家队领军者、中国最大党政客户端集群统一入口和综合信息服务统一平台。依托国家通讯社遍布全球的新闻信息采集网络，全天候发布一手新闻资讯，提供政务信息、便民应用、文化娱乐、生活休闲等服务，推动移动政务，服务社会民众。

2021年1月1日，新华网PC端和新华网客户端全面改版、全新上线。新华网客户端推出的新媒体平台“新华号”也同步实现重大迭代，从开放聚合平台升级为内容生态基础设施平台，跨界聚合多元内容，联动全网传播渠道，为近万内容单元合作伙伴赋能，为网民打造更加丰富多元的内容新生态。

“新华号”此次改版实现新华网PC端和新华网客户端双端融通，推出垂类信息流、融媒聚合专题、双端数据同步等重要功能，为用户创作、阅读及交流提供系统性平台支撑，是新华网在产品规划、内容建设、技术支撑方面的重要里程碑。

“新华号”此次改版还在用户体验、视觉呈现上进行了大幅优化，结构更清晰、界面更友好、信息更丰富、使用更便捷。“新华号”新增政务、财经、军事、健康、文化等十大垂类信息流，新增健康号、党建号等认证及号主页卡片分享功能，设置品牌号专属搜索展现区，满足网民、政务和商务的个性化需求。

（三）媒介融合为造就全媒体人才搭建平台

媒体的核心竞争力是人，实现媒介融合发展关键在人才、在队伍。随着媒体融合向纵深推进，各单位对全媒体人才的需求不断增长。《关于加快推进媒体深度融合发展的意见》强调，要大力培养全媒体人才，实行更加积极、开放、有效的人才引进政策，提高主流媒体人才吸引力和竞争力。

因此，各媒体机构要积极创新用人机制和激励机制，建立科学合理的考核评价体系、职称晋级制度、薪酬分配办法，优化人才队伍结构。加强采编播管、技术开发、产品运营的人才建设，把更多熟悉新媒体的中青年优秀人才充实到关键岗位，充分释放人才活力。促进科技人才与传媒人才融合发展，补齐媒体融合专业人才短板。同时，充分利用高校人才培养基地等平台，加快培养后备人才队伍，为媒体融合源源不断地输送全媒人才。

比如，《人民日报》的“中央厨房”鼓励报纸、网站、客户端、微博微信的优秀编辑记者根据自己的兴趣，跨部门、跨媒体、跨地域、跨专业地组织新闻工作室，给予他们资金支持、技术支持、传播推广支持、运营支持和线下活动支持。这样的做法不仅可以实现传统媒体与新媒体记者、编辑、主持人、制作人等角色的自由切换，造就融媒体时代的“全能型记者”，而且可以通过媒体人的自由组合，成立创意团队，生产出人们喜闻乐见的内容产品。

第二节　数字鸿沟

一、数字鸿沟的定义

1970年，菲利普·蒂奇诺、乔治·多诺霍和克拉丽丝·奥利恩在《舆论季刊》上发表《大众传播流动与知识差距增长》一文，提出知沟假说：“随着大众传媒向社会传播的信息日益增多，社会经济地位较高的人将比社会经济地位较低的人以更快的速度获取公共信息。因此，这两类人之间的知沟将呈扩大而非缩小之势。”知沟理论的当下发展即数字鸿沟。在现代社会，数字技术和信息技术的迅猛发展并没有给人们带来同样的发展机会。不同地方、不同人群接受数字化浪潮的机遇是不同的,即使大众传播将同样的计算机和因特网知识传送到每一个家庭和社会的每一个角落,人们在接触和利用的机会上,并不存在平等与否的问题,然而,它所带来的社会结果却并非如此简单,这在新媒体发展方面表现得淋漓尽致。

数字鸿沟最先由美国国家远程通信和信息管理局(NTIA)于1999年在名为《在网络中落伍——定义数字鸿沟》的报告中提出。随后,数字鸿沟正式出现在1999年7月美国官方文件《填平数字鸿沟》的报告中。2000年7月,世界经济论坛组织向八国集团首脑会议提交专题报告《从全球数字鸿沟到全球数字机遇》,在当年召开的亚太经合组织会议上,数字鸿沟成为世界瞩目的焦点问题。

美国国家远程通信和信息管理局将数字鸿沟定义为“一个在那些拥有信息时代的工具的人以及那些未曾拥有者之间存在的鸿沟”。根据联合国经社理事会的文件,“数字鸿沟”指由于信息和通信技术的全球发展和应用,造成或拉大的国与国之间以及国家内部群体之间的差距。数字鸿沟体现了当代信息技术领域中存在的差距现象。这种差距既存在于信息技术的开发领域,也存在于信息技术的应用领域,特别是由网络技术产生的差距。数字鸿沟现象存在于国与国、地区与地区、产业与产业之间,已经渗透到人们的经济、政治和社会生活当中,成为在信息时代凸显出来的社会问题。

《2020年全球互联网行业市场分析》报告显示,从互联网渗透率来看,北美地区互联网渗透率最高,达到94.6%;其次为欧洲地区,互联网渗透率为87.2%。2021年2月3日,中国互联网络信息中心(CNNIC)在京发布第47次《中国互联网络发展状况统计报告》。《报告》显示,截至2020年12月,我国农村网民规模为3.09亿,较2020年3月增长5471万;农村地区互联网普及率为55.9%,较2020年3月提升9.7个百分点。我国非网民规模为4.16亿,农村地区非网民占比为62.7%,60岁及以上非网民群体占非网民总体的比例为46.0%。远离互联网不仅使得非网民群体无法获取到更及时有效的防疫信息,更是无法享受到互联网带来的出行、购物等服务便利。非网民不上网的主要原因包括使用技能缺乏、文化程度限制、年龄因素和设备不足。数据显示,因为不懂电脑/网络而不上网的非网民占比为51.5%;因为不懂拼音等文化程度限制而不上网的非网民占比为21.9%;因为年龄太大/太小而不上网的非网民占比为15.1%;因为没有电脑等上网设备而不上网的非网民占比为13.3%;因为没时间上网、不感兴趣等原因不上网的非网民占比均低于10%。可见,数字鸿沟是我们在致力于世界和平与发展、国家经济持续发展过程中不得不面对的严峻事实。

二、数字鸿沟产生的原因

联合国开发计划署顾问丹尼斯指出，数字鸿沟实际上表现为一种创造财富能力的差距。一些学者也认为，所谓的“数字鸿沟”应当被称为“知识鸿沟”或者“教育鸿沟”。在互联网时代，个人计算机的主要用途已经由计算转化为信息搜索、信息交换和信息处理。所谓“知识鸿沟”，就是一方面闲置大量的劳动力，另一方面却是这些劳动力因为知识储备不足而无法被吸收到最具价值创造潜力的、占国民经济比重高于70%的经济过程中去，从而不得不拥挤在只占国民经济价值总额30%以下的传统农业和工业部门内。

（一）根本原因：国际政治经济的不平等、不平衡

根据2020年10月中国信息通信研究院发布《全球数字经济新图景（2020年）——可持续发展新动能》白皮书显示，发达国家数字经济规模是发展中国家的约3倍。2019年发达国家数字经济增加值规模为23.5万亿美元，占47个经济体数字经济总量的73.9%，发展中国家数字经济增加值规模为8.3万亿美元，占47个经济体数字经济总量的26.1%，数字经济南北差距较大，发达国家数字经济体量是发展中国家的2.8倍多。发达国家数字经济GDP占比约是发展中国家的2倍。从不同经济发展水平来看，经济发展水平越高的国家数字经济占比越高，数字经济在发达国家国民经济中已占据主导地位，2019年发达国家数字经济在GDP中已占据“半壁江山”，占比达到51.3%，而发展中国家数字经济GDP占比仅为26.8%，发达国家是发展中国家的1.9倍。产业数字化的巨大差距也是造成数字经济鸿沟的重要原因。经济发展水平越高的国家产业数字化占比越高。从不同经济发展水平来看，发达国家通信业、软件业等基础较强、实力雄厚，同时电子商务、先进制造等产业数字化起步较早，对数字经济发展的驱动作用较强。2019年，发达国家和发展中国家数字经济中，产业数字化占比均高于数字产业化，发达国家占比更高，发达国家产业数字化占数字经济比重达到86.3%，发展中国家产业数字化占比为78.6%，低于发达国家产业数字化占比7.7个百分点。

根据联合国贸易和发展会议（UNCTAD）数据显示，在全球70个最大数字平台中，美国和中国分别占据市值的前二位，但美国占68%，中国仅占22%。中美两国在半导体、操作系统、云计算等底层和核心技术方面仍然存在着很大的差距，中国还需要进一步加快发展。

（二）重要原因：国家内的不同地区间经济水平的差异性

信息化进一步推动着财富在信息技术所有者、企业家和金融家中高速集聚，无

缘或不能掌握网络技术的公民只有很少的机会参与以信息为基础的新经济。这同时意味着只有较少的机会参与教育、培训、娱乐、购物和交流等可以在线得到的机会。据美联储最新公布的数据显示，2020 年上半年，美国贫富差距进一步扩大，前 1%的富人净资产总额达 34.2 万亿美元，相当于美国一半以上个人财富的 15 倍。而最贫困的 1.65 亿人财富总共只有 2.08 万亿美元，占全国家庭财富总额的 1.9%。所以，要消除一个国家内的数字鸿沟，必须和经济发展联系起来，以消除经济发展的不平衡来缩小国内的数字鸿沟。

2020 年 12 月 28 日，中国信息通信研究院政策与经济研究所联合中央广播电视总台上海总站推出《中国区域与城市数字经济发展报告(2020 年)》，该报告第四部分“我国区域及城市数字经济发展展望”指出，地区数字鸿沟问题与数字经济红利分配不平衡、不协调问题得到重视。随着数字经济的发展，我国各地区之间数字鸿沟问题愈加凸显。从发展机会看，我国部分地区由于数字基础设施不完善、专业技术人员缺乏等，难以发展人工智能、大数据、云计算等相关产业，错失了数字经济发展的重要机遇；从发展结果看，东部地区数字经济发展的程度整体高于中西部地区，数字经济红利分配格局呈现出东部多、中西部少的局面。为避免数字鸿沟的存在和持续扩大，各省区市在发展数字经济的过程中，更加重视数字基础设施的建设和资金、人才等支撑，努力搭上数字经济发展快车，共享发展红利。

新华社北京 2020 年 11 月 23 日电，23 日，贵州省宣布剩余的 9 个贫困县退出贫困县序列。至此，我国 832 个贫困县全部脱贫。我们如期完成了新时代脱贫攻坚目标任务，消除了绝对贫困和区域性整体贫困，近 1 亿贫困人口实现脱贫，取得了令世界瞩目的重大胜利。

除了前面所述的因素以外，还有一些社会因素也会造成数字鸿沟：① 传播技能上的差异——对公共事务和科学知识的获取，需要较强的阅读能力和理解能力；② 知识信息储备量的差异——知识储存越多，对新事物、新知识的理解和掌握越快；③ 社交范围的差异——社交活动越活跃，交往的范围越广，获得知识信息就越快、越多；④ 信息的选择性接触、选择性理解和选择性记忆的因素——生活的水准、层次与媒介的内容越接近，对媒介的接触和利用程度越高；⑤ 大众传播媒介性质的差异——传播有一定深度的公共事务和科学知识的媒介主要是印刷媒介，其用户主体主要集中在高学历阶层。

三、如何弥补数字鸿沟

数字鸿沟的产生有多种影响因素，涉及政治、经济、文化、科技和社会认知等方面，因此，要弥补数字鸿沟就要在多路径上展开。

(一)基建层:提高网络普及率

我国在网络基础设施方面不足。“工欲善其事,必先利其器”,要消弭数字鸿沟,最基础也是最重要的一环就在于基础设施是否完善。

2020年3月,“新基建”一词成为热门话题。所谓“新基建”,即“新型基础设施建设”,其中就包括以5G、物联网为代表的信息基础设施。因此,消弭数字鸿沟的基础性工作,就要在“新基建”的机遇之下,加快城乡各地区网络技术设施建设,提高网络普及率。打通不同群体的入网渠道。

当然,基建并不能止步于此。在搭建技术框架的同时,也要考虑到媒介的普遍使用性,减小个体之间媒介技术使用与接近条件差异,提倡媒介的多元化使用。

(二)认知层:加强媒介素养教育

这一系列操作无不反映了媒介认知的重要性。“数字鸿沟2.0”概念,其立足点就是考虑到用户信息技术使用目的和方式的人群差异,而这正与使用者对媒介的认知及其素养密切相关。

在技术已经渗透到我们生活的方方面面、角角落落之时,我们就不得不认真地了解媒介,继而考虑到我们自身对媒介的使用。就政府而言,要突出教育的作用,加强对公众作为技术使用者的媒介素养教育,提升媒介认知能力。

而身处不同年龄段的个体自身,要积极主动去了解、进而适应新媒介的网络环境。比如,B站UP主“敏慈不老”,89岁高龄,坐拥36万粉丝,通过讲述自己的往事,在B站这个年轻人的世界掀起波澜。

在技术日新月异的大环境下,即使是老年群体,也应该把握时代脉搏,加强自身对新媒体的认知。大到成为网红UP主,小到学会使用智能手机扫码,使自身融入互联网,方能在数字化生活时代顺流而动。

(三)表达层:全域内的多样化展示

互联网时代的受众之间存在着巨大的差异性,有的人喜欢娱乐内容,有的人喜欢社会新闻,也有人喜欢科普。信息茧房的存在加剧了此类差异,个体之间的交流受到信息壁垒的阻挡,难以顺利进行双方间的信息传送。但同时,信息的表现与传达形式也纷繁多样,图片、文字、音频、视频、H5等都是可以依托的载体。如果用单一死板、同质化的内容去应付千姿百态的受众,则显得格格不入,而应该以内容的多样性去反哺用户差异的多样性。

通过借助不同渠道,实现不同内容在全媒体内的交叉式传播,如此才能让受众接收到来自不同领域的信息,将信息对受众产生的效果发挥到最大。

中国致力于消除贫困，消灭数字鸿沟。2020年9月4日，习近平总书记在2020年中国国际服务贸易交易会全球服务贸易峰会上致辞，提出顺应数字化、网络化、智能化发展趋势，共同致力于消除“数字鸿沟”的倡议。2020年9月24日，为加快推进我国信息无障碍建设，努力消除“数字鸿沟”，助力社会包容性发展，工业和信息化部、中国残疾人联合会发布《关于推进信息无障碍的指导意见》。该指导意见的总体思想是以习近平新时代中国特色社会主义思想为指导，深入贯彻党的十九大和十九届二中、三中、四中全会精神，坚持以人民为中心的发展思想，聚焦老年人、残疾人、偏远地区居民、文化差异人群等信息无障碍重点受益群体，着重消除信息消费资费、终端设备、服务与应用等三方面障碍，增强产品服务供给，补齐信息普惠短板，使各类社会群体都能平等方便地获取、使用信息，切实增强人民群众的幸福感、获得感和安全感。这为弥合数字鸿沟指明了路径。

虽然COVID－19急剧限制了我们的消费和社交，但财富和贫穷的分界在这个时期仍旧真实可感。有宽敞屋室和私家花园的人能安全便利地进行居家隔离（也许一人一间，也许一人一层），但蜗居的阶层心理压力就很大了，一人中招全家或所有室友都可能跟着遭殃。数字鸿沟更是在这些学校关门的日子里愈发清晰。拥有高速宽带的人仍然可以享受丰富的人生，网购、云工作、和家人视频通话，以及最考验网速的线上学习。但家里没网或网速不佳的人就不得不苦苦挣扎。有意义的联网已经不再仅仅是接入，而是能使用工作或学习所需的合适设备，并能以相当的速度获取数据。简单的说，网速慢标志着你是弱势群体。

第三节　公共领域与公民新闻

一、新媒体对公共领域的重构

（一）公共领域

公共领域的概念最早是由美籍德裔思想家汉娜·阿伦特提出来的，之后，熊彼得、布鲁纳和杜威等人又从不同的角度研究过此问题。哈贝马斯是公共领域理论研究的集大成者。哈贝马斯是西方马克思主义重要流派法兰克福学派的第二代代表人物，被公认为“当今最有影响力的思想家”“当代的黑格尔”。1961年，他完成了教授资格论文《公共领域的结构转型》，在该篇论文中，他立足于批判的立场，对公共领域的历史起源、结构、功能等做了透彻的分析和展望。

所谓的公共领域，指的是介乎于国家与社会（即国家所不能触及的私人或民间活动范围)之间、公民参与公共事务的地方,它凸显了公民在政治过程中的互动。哈贝马斯认为,最早的公共领域起源于古希腊时期的广场集会,建立在自由发表意见和对话基础之上。到了17世纪,随着报纸、杂志的发展,它逐渐发展为一些贵族和资产阶级上层分子在咖啡馆里的定期沙龙,话题也渐渐从文学转向政治,这便是现代意义上的公共领域。

在哈贝马斯看来,公共领域存在的构成必须具备以下三个条件。①由私人组成的公众。他们具有独立人格,能够在理性基础上就普遍利益问题展开辩论。②拥有自由交流、充分沟通的媒介。因为媒介是信息的载体,决定着信息的流量。单向的非沟通媒体将导致信息的匮乏和意义的缺失,在此基础上,私人的"独立"与"理性"也就失去了意义。③能够就普遍利益问题自由辩论、充分交流,进行理性批判,达成共识,形成公共舆论。

(二)新媒体重构公共领域

报纸、杂志、广播和电视等传统媒体是哈贝马斯着重分析的媒体类型。有研究者从"公共领域形成的三个条件"入手,分析了公共领域在传统媒体中被侵蚀的原因。

(1)传统媒体的"点到面"传播让"公众"成为"大众"。传统媒体的传播方式是由"点"到"面",这些"点"信息源为少数几个经理人、总编、主持人、记者或专栏作家所把持,对于形成公共领域的第一个条件——"有独立人格的公众",传统媒体已经逐步失去了对其的塑造能力。大众传媒所塑造的不是理性批判的"公众",而是文化消费的"大众"。

(2)传统媒体的"守门人"规则否定了"自由交流"的初衷。"守门人"规则多是因为传统媒体的立场倾向性带来的。传统媒体通过议程设置筛选公共辩论的主题和程序,选择适合该议程的嘉宾和现场观众。"即便走进演播厅,一旦用户的观点越出了规定的议程,都会在后期编辑甚至现场直播中被掐掉"。这样就背离了"自由"的初衷,离构建公共领域的第二个条件"有能自由交流的媒介"越来越远。

(3)传统媒体的商业化浪潮吞噬了"理性批判"原则。大众传媒越来越受到商业利益的驱动,同时越来越多地受到某些个人或集团利益的控制。原本具有极强"批判精神"的传统媒体变成单纯为了讨好消费者的文化娱乐消费品的提供者,或者成为利益集团或政府的宣传鼓吹者。

与传统媒体不同的是,新媒体独特的优势在一定程度上实现了对公共领域的重构。在新媒体中,传统媒体的"点对面"被ICQ、BBS、微博等"点对点""多对多"的新传播形式所取代,它使每个人既有"听"的机会,也有"说"的条件。而且,ICQ、

BBS、微博等新媒体是一个开放、平等和互动的空间，可以进行“自由的交流”“理性批判”，“在一定程度上不依赖于他人而独立生存，更重要的是要有一种对公共事务保持热切关注的态度，特别是要有独立思考和批判的能力。”网络思想家霍华德·莱茵戈德认为：“任何一台电脑和移动设备，一旦接入互联网，就可以变成一个全球性的印刷、发行和组织的机器。在网络上，你可以接触到成千上万的潜在读者而无须花费多人成本；并且，你不需要说服编辑、出版商或制片人，你的思想值得暴露在光天化日之下。”由于网络的匿名性，公众更是敢于质疑权威、论证权威。

道格拉斯·拉什科夫在《媒介病毒》一书中有这样一段话：“媒介是一种公司所有物，你没有办法参与到媒介中。让媒介从幕后走出是第一步，第二步是区别公众与用户的不同。用户是被动的，而公众则富于参与性。我们需要一种从公众角度对媒介的定义。”新媒体恰恰可以把传统媒体的用户转变为公众，在新媒体中，接收者和传播者的地位是可以互换的。比如微博等的出现，比以往任何一种形式更鼓励这种公众性的表现。无论你是什么人，都可以建立自己的天地，发表自己的言论。

当今社会的各个地区、各个层级几乎都在互联网上建造了他们的信息传播平台，形成了一个功能丰富、结构多元、规模庞大的传播集群，公民的信息权利得到极大的实现，这种信息权利不仅是公民拥有的了解自身生存环境变化的知情权，而且应该包括以信息传播手段实现的公共表达、公共监督、公共参与和公共协商等方面的信息权利。

二、公民新闻对传媒接近权的实现

随着互联网等新媒体的崛起，网络和移动传播使公民成为记者变为可能。2000年，韩国记者吴延浩创办了全球第一家公民新闻网(ohmynews.com)，响亮地提出“每个人都是一名记者”。2005年7月7日伦敦的地铁和公共汽车发生爆炸，英国的主流媒体很快收到来自公民的有关爆炸的图片和录像带。公民新闻的兴起为公民传媒接近权的实现找到了一条切实可行的新路径。

(一)公民新闻

公民新闻学的思想可以追溯到20世纪初美国哲学家杜威与记者李普曼之间的著名辩论。李普曼认为，报刊应该把社会中消息灵通的专家们的最好的意见和思想准确地传播到公民中间，这样才能正确地引导舆论。然而，杜威认为，只有公民们自己最清楚什么对他们来说是最需要的，专家们不论有多么灵通的消息，都不能替公众做最佳的判断，公民有能力和智慧判断对公共事件的正确认知。杜威的理念奠定了公民理论的基础。

"公民新闻"的概念有多种理解，可以理解为"公民（非专业新闻传播者）通过大众媒体、个人通信工具，向社会发布自己在特殊时空中得到或掌握的新近发生的特殊的、重要的信息"。还可以理解为"来自业余新闻工作者的第一手新闻报道"。还有的学者认为，公民新闻是指公民通过大众媒介和个人摄录、通信工具（诸如移动电话、数码相机、数码摄像机、计算机网络等）为广大用户选择、撰写、分析和传播新闻信息的行为与现象。不管哪一种说法，我们会发现真正的公民新闻的兴起是个人传播技术发展的结果。20 世纪 90 年代中期以来，以互联网为代表的数字新媒体深刻地改变了新闻传播的生态环境，数码相机（摄像机）、互联网、手机等传播科技进入寻常百姓家，人们可以随时将获取的新闻信息传播出去，打破了新闻专业人员进行新闻信息传播的垄断局面，越来越多的公民以一种积极主动的姿态成为"公民记者"。他们生活在社会的各个阶层，有条件接触到丰富的第一手新闻信息素材，并有机会成为某些突发性事件的现场亲历者或目击者，是"深入第一现场"的最有发言权的"记者"，极大地扩展了"记者"的内涵与外延。

网络是公民新闻实践的主阵地。今天，越来越多的人倾向于借助网络平台发表自己的见闻，抖音、快手、微博、即时通信等成为其主要载体，这些内容已经成为公民新闻的最主要来源。

（二）传媒接近权

1967 年，美国学者 J. A. 巴隆在《哈佛大学法学评论》上发表了《接近媒介——一项新的第一修正案权利》一文，首次提出了"传媒接近权"的概念。1973 年，他又出版了《为了谁的出版自由——论媒介接近权》一书，对这一概念进行了系统论述。巴隆认为："为确保大众的言论自由，必须由宪法确认大众'接近'媒介的权利。"从理论背景看，它是对媒介作为公器这一基本性质的再次确认。传媒接近权是公民的一项基本权利，我们从法学的角度对这一概念加以解读，传媒接近权称为表达渠道权，指的是"公民或社会组织享有的，有法律规定、认可和保障的，为公开发表、传递自己的意见、主张、观点、情感等内容而使用各种媒介手段与方式，不受任何他人或组织非法干涉、限制或侵犯的权利"。

从传播学角度看，对传媒接近权的强调有比较突出的意义：

一是有利于提高传播效率。一种有效的传播模式不仅要包括从传者到用户的信息流动，也应该包括从用户到传者的信息反馈。只有实现传者与用户之间的信息互动，才能使传者的传播更好地满足用户的需要，更充分地被用户接受。而要建立畅通的反馈渠道，就必须保证用户的传媒接近权，使用户可以对媒介的报道进行纠正或补充，提供新的事实，并发表自己的意见看法。

二是有利于建立健康积极的媒介环境。传播理论认为，在客观环境和人们对它的认知之间存在着一个信息环境，这主要依靠大众传播媒介来构造。这个虚拟的媒介环境能在多大程度上接近真实，依赖于传者的修养、良知和观察力。如果用户不仅被动地接收信息，还可以主动参与到媒介环境的构造过程中，无疑将对传者的行为产生有效的约束。

三是有利于妥善地解决信源和传者之间的关系。在信源和传者之间一直存在一个悖论。信源是传播的真正源头，传者的传播活动依赖信源。但在实际操作中，因为传者拥有选择权，反而变成信源依赖于传者才有可能使信息被用户知晓。用户接近权的提出理顺了两者的关系。当用户主动接近媒介时，用户转为信源的角色，并为信源赢得了一定的主动性和独立性。从社会发展角度来看用户接近权则成为实现现代民主制度的重要途径。

公民传媒接近权的价值主要体现在四个方面：①保障该权利是实现公民言论自由的主要手段；②保障该权利有利于制止行政、立法和司法的擅权；③保障该权利有利于保证民主参政；④社会“排气阀”作用。

尽管在理论上传媒接近权有着积极意义，但是在现实中要真正实现它还面临着诸多困难，这种困境表现在：①传统大众传媒的时间和版面的限制性决定了用户的意见和客观事实不可能全部被反映。②传统媒介的高度选择性、时间和版面的限制让媒介对信息进行选择被普遍认可。而媒介出于自身立场和利害关系的考虑，必然在选择时有所偏重和回避，这使用户的意见和客观事实很难获得公平对待。

网络技术的诞生与发展为我们走出困境开辟了道路。新媒体的交互性、即时性、共享性等特性使用户可以自由发送信息、交流观点、展开讨论，为民间信息和意见提供了一个重要集散地。传统媒体开始建立网站，开设各种网上论坛，为获得点击率想方设法吸引用户参与，传媒接近权得到了前所未有的实现。

（三）公民新闻实现传媒接近权

首先，公民新闻改变了传统的新闻生产模式，公众从被动的用户地位转变为主动的传播者而成为公民记者，在对传媒的深度参与中，实现传媒接近权。公民新闻的诞生，从根本上改变了用户群体在传播中的被动地位，传播者和用户可以处于平等的地位，用户也可以成为传播者，实现传播主体的位移。建立在双向传播基础上的公民新闻促进了民间话语体系的崛起，颠覆了“舆论一律”的传播格局，是一种民主化的报道形式。

公民新闻的兴起，促使传统媒体不得不拓宽资源取向，采取各种各样的手段采集新闻，包括鼓励公民提供新闻和向公民购买新闻。时至今日，传统新闻机构日益受到“公民新闻”的冲击，越来越多的报纸读者或电视观众借助因特网、可拍照手机、摄像机及其他科技工具参与新闻制作，传媒与用户的互动方式发生了重大变化，“公民新闻”为主流媒体增添了声音，而且是不经加工的真实声音。

比如，在安徽省芜湖市繁昌县孙村镇，有着“草根记者”之称的农民作家俞乃思先生从 1983 年迄今，先后做过宣传干事、文化站站长、乡镇广电中心负责人以及多家报社的通讯员。现管理、维护、编发孙村镇党委、政府微信公众号——多彩孙村。俞乃思用三十余年的坚守，传播乡村文化，宣传家乡故事，塑造乡间人物，书写乡俚农俗，先后出版了《“无证记者”的新闻课》《孙村印记》《行走孙村》等 6 部作品集。

其次，公民新闻改变了传统的舆论形成模式，打破了传统媒体的话语垄断权，公众在民意表达和舆论监督中，实现了传媒接近权。

传统媒体是“点”对“面”的传播，传播的主动权被掌握在媒体手中。而公民新闻主要通过网络传播，特别是自媒体具有的自主性、开放性、互动性等特点，打破了传统媒体的话语垄断，为政府部门理性看待民意、作出正确决策提供了有价值的平台。同时，有了大众的参与，主流媒体的报道也会变得更加客观理性。新闻不再是几家媒体的发言，而成为全社会共同的声音，公众的传媒接近权得到极大的保障。网络媒体尤其是移动互联网成为公众关注社会、表达自我的首选媒介和途径。

比如，“草根记者”陈华平从 2005 年起，用手中的笔和照相机镜头记录下南水北调中线工程丹江口大坝建设和十万移民搬迁的历史。十年来，陈华平完整地记录拍摄了丹江口大坝加高从开工到蓄水验收的每一个历史阶段，并分别出版了《南水北调工程中线从这里开始》《世纪大迁徙——丹江口南水北调影像纪实》专著两本，《世纪大迁徙——丹江口南水北调影像纪实》画册一本，为整个丹江口市南水北调移民工程纪录画了个圆满的记号。

又如，河南鹿邑胡洪涛自称是一个“眼力草根记者”，哪里有新闻线索，就去哪里认真挖掘报道。在他的镜头下，身患骨髓炎卧床 33 年捐赠遗体回报社会的张常海，下肢瘫痪不忘助人的王成涛，15 年用架子车拉着瘫痪妻子“看世界”的刘洪建，……一批批“小人物”的事迹得到发掘。

再如，2020 年新春，一场始料未及的疫情席卷中国大地，江苏省淮安市洪泽区 47 岁的高良涧街道专职报道员崔德圣逆行而上，坚守在新闻第一线，先后在《新华日报》、共产党员网、江苏先锋网、《淮安日报》《洪泽报》等各类媒体发表消息、人物通讯等文章近 200 篇，为传播抗疫讯息，讲述抗疫故事，鼓舞抗疫士气，筑起思想舆论坚固防线付出了艰辛和努力。崔德圣还积极配合区网信办、洪泽论坛等相关单位和部门做好疫情防控溯本清源。采访中，憨厚的崔德圣笑着说："疫情不退我不退，我将坚守岗位，继续做好讲好高良涧故事正能量的宣传人，用实际行动践行着一名共产党员初心和使命。"

公民新闻的意见表达和舆论监督对现实进程产生了重要的影响，打破了传统媒体的舆论引导特权；使个人意见获得有力传播；使社会弱势的意见和声音有了表达空间。

(四)如何规范公民新闻

公民新闻的载体一般是"草根媒体"，这些媒体又被称为"自媒体""个人媒体"，没有传统媒体那么多的把关人，因而时常良莠不齐。随着社会的多元化和公民新闻的兴起，传统的新闻传播管理制度受到挑战。要将传统的新闻传播管理模式与公民新闻传播行为有机结合，需要进行体制机制创新。不过，有学者认为，"根本性的解决途径不是加强规制，而是让网民们明确公民媒体的真正要义，要让网民知道，他们写博客本身也是一种新闻的补充"。公民媒体是一种责任媒体，传媒接近权的实现不能妨碍其他公民的权利。

因此，通过公民新闻实现公民的传媒接近权，首先需要激发公民记者的积极性，不要以某些所谓的专业性扼杀了公民新闻中天然去雕饰的草根性。另外，要建立一种传统媒体和公民记者对话合作的新闻生产与传播方式，以弥补一些公民新闻存在的随意性、片面性、偏激性，缺乏权威性和公信力等缺陷，实现优势互补，形成合力。尤其是在灾难性和突发性事件中，公民记者具有巨大的作用，主流媒体更应积极与公民记者建立通力合作的平台。公民记者与专业记者并肩作战、共同报道的情景将会成为今后新闻采访报的新模式和新趋势。

第四节　网络舆情

一、网络舆情的概念

舆情是指在一定的社会空间内，围绕中介性社会事件的发生、发展和变化，作为主体的民众对作为客体的社会管理者、企业、个人及其他各类组织及其政治、社会、道德等方面的取向产生和持有的社会态度。它是较多群众关于社会中各种现象、问题所表达的信念、态度、意见和情绪等的总和。

舆论是指在一定社会范围内消除个人意见差异，反映社会知觉和集合意识的具有相对一致性的公众意见。舆论是舆情的一个重要组成部分，也是舆情在某一方面的集中表现。而舆情不仅包含公开的舆论，也包含一些隐含的公众态度与情绪等。舆论在一定的舆情背景下产生，但舆情并不一定通过舆论表现出来。

网络舆情是指在互联网上流行的对社会问题不同看法的网络舆论，是社会舆论的一种表现形式，是通过互联网传播的公众对现实生活中某些热点、焦点问题所持的有较强影响力、倾向性的言论和观点。网络舆情以网络为载体，以事件为核心，是广大网民情感、态度、意见、观点的表达、传播、互动以及后续影响力的集合。网络舆情带有广大网民的主观性，未经媒体验证和包装，直接通过多种形式发布于互联网上，是社会舆情在互联网空间的映射，是社会舆情的直接反映。

二、网络舆情的特点

网络舆情既不同于传统媒体的新闻舆论场，也不同于现实社会交往中的口头舆论场，有其自身的鲜明特点。

网络舆情鲜明的互联网特质：网络舆情的主体是网民，载体是网络，这就决定了网络舆情的互联网特质。①传播的即时性、互动性、隐蔽性与不确定性。网民对某一问题或事件能够进行实时在线互动、评论、发表意见，表达观念和情绪，使网络舆情能够得到集中反映。互联网的隐蔽性、虚拟性特质隐藏了传播者身份，也带来传播时间和传播地点的不确定性；②内容的多元性。网络舆情的话题丰富，涉及政治、经济、文化、军事、外交以及社会生活的各个方面；网络舆情的主体范围广泛，不同类别的媒体、不同兴趣和不同领域的网民参与其中，促使舆情传播的广度和深度不断加大。

网络舆情独特的传播特征：①网络信息利益选择性传播。随着互联网的高速发展，网民很容易接受并传播与自身兴趣爱好、情绪观点、利益权益等趋同的信息，产生舆论共鸣，引发舆论对这些信息的争论和探讨；②网络信息"微传播"。"微传播"是以微博、微信等自媒体为媒介的信息传播方式，突出传播的"微内容"（一句话、一个表情符号、一张图片等）；微动作（简单的按键操作、鼠标点击完成选择评价、投票功能）；"微介质"（手机等）；"微受众"（小众、对象性传播）。"微传播"是去中心化的裂变式多级传播模式，传播碎片化信息，借以实现自我表达、交往需求与社会认知；③网络信息指向性传播。网络舆情中呈现出来的网民最热烈的关注和意见往往有着类似的主题和趋同的方向，对事件的主体指向更加明确、具体；④泛娱乐化传播。信息全球化带来西方泛娱乐化浪潮，国内媒介环境的转变使网络新闻的传播者过分追求利益，网络舆情"泛娱乐化"态势愈演愈烈；⑤非理性和突发性。网民在表达自己看法时往往从自己的立场出发，带有浓重的倾向性，情绪化现象严重。热点事件融入网民情绪化意见以后，在网络中迅速汇聚起来形成公共意见，进而迅速形成强大意见声势。社会突发事件也很容易形成社会舆论焦点和热点。根据突发公共事件的性质、演变过程和发生机理，突发公共事件主要分为以下四类：自然灾害、事故灾难、公共卫生事件和社会安全事件。突发事件影响力大，冲击力极强。信息流迸发之后，传播面广，几乎覆盖了绝大多数新闻网站、商业网站、论坛、双微、自媒体、客户端、境外媒体等主流社会化网络平台。政府部门面对无序混乱的网络舆论场，往往第一时间进行线上引导性回复，线下多个部门联动展开调查与维持事发现场秩序，以免次生灾害发生。与此同时，多次对外回应事情调查处置进展，打消民众疑虑，直至事件平息。舆情处置流程看似简单，面对动态的舆情传播，则充满了诸多变量与特殊情况，准确把握舆情处置的每一个环节，有助于更好化解突发事件中的矛盾。

三、网络舆情产生的原因

网络舆情本质上是公众对公共事务参与权的需求，公众对知情权、表达权等民主权利的需求，以及公众改变信息不平等地位的迫切愿望。明确网络舆情形成的原因，可以更好地引导舆情走向。

（一）网络舆情主体影响因素

1. 网民

网络舆情的主体是网民，网民素质参差不齐，网民个体的意识形态、社会背景、价值观甚至心理因素会对网民个体行为产生重要影响。网民对网络热点事件高度关注，通过在论坛、微博等平台发布评论、留言等方式进行讨论、反馈并进行广泛传播，形成舆论共识。而普通网民作为舆论监督的尾部，事实上一直边缘化存在，但自媒体时代，由于微内容的传播和集合成本迅速降低，无数的内容碎片和渠道碎片集结成一条无穷长的长尾，网民草根声音通过聚合，形成强大的话语场和传播效力，网络舆论监督的长尾效应得以凸显。

2. 网络意见领袖

“意见领袖”最早由传播学者保罗·拉扎斯菲尔德于1940年提出，即在人际传播网络中，经常为他人提供信息同时对其施加影响的活跃分子，他们在传播中起着重要的中介或过滤作用，由他们将信息扩散给受众，进而形成信息传递的两级传播。意见领袖能够敏锐感知和判断网络舆情微内容发布的重要性，并对事件形成自己鲜明观点，影响其他网民持久关注，创造或改变舆情，建构潮流，引领时尚。网络的“长尾舆论”对“意见领袖”的权威性起到了推波助澜的作用。否则，无论意见领袖如何振臂高呼，响应者也会寥寥无几。

网络意见领袖的来源：一是专家学者、传统媒体记者等传统意见领袖向网络舆论世界的迁徙；二是其他行业的业余观察家和自由撰稿人；三是极具草根性的自由职业者。

网络意见领袖的特点：一是价值观具有“草根性”；二是对网络信息具有认知力，对网络事件具有判断力和行动力，在认知、态度、行动三个层面具有权威性和可靠性；三是社会联系广泛，在舆论场话语表达上有较高的活跃度和影响力。

3. 网络推手、网络水军

网络推手利用正当的吸引网民注意的策划手段实现对公共事件走向的控制；网络水军是出卖自身话语权，利用发帖等行为进行营利的人群。网络推手和网络水军都是新媒体发展阶段的产物，建立在多元文化发展需要的基础之上，共同反映了一种伪民意。

（二）网络舆情客体影响因素

1. 信息技术的发展

网络新媒体的“去中心化”提升了网民参与贡献的积极性，降低了生产内容的门槛，使得互联网更加扁平、内容生产更加多元化；大数据时代，海量互联网信息使舆情更加复杂多变，极端观点更容易被网络放大，强化了舆论的极端情绪；社交媒体的新功能正在增强。一些社交媒体引入了直播短视频、热门搜索、弹出窗口、视频弹出屏幕等功能，使得信息传播更快、更直接。在这些功能的帮助下，一些地区性、地方性甚至零星的个案在互联网上迅速发酵，形成了“小而微的舆论热点”和网上狂欢的趋势。

2. 网络议题的复杂性、冲突性与公共性

网络议题能否发展成舆论，要求其与众人相关，网络舆情的形成需要人数众多的网民参与，只有议题跟众人相关时，网民们才会知晓、关注和参与该议题的讨论。

3. 网络议题的重要性

所谓重要性是指客体对于主体利益影响的程度。对于一个网络议题，如果其与网民的利益关系越大，其重要性就越高。那么它发展成网络舆论的可能性也就越大。

在媒体融合时代，政府有关各类突发事件的应对和处理被各类社交媒体放大，一旦应对不力就将引发大量的围观和批评。在全媒体矩阵中，信息的传播速度加快，各平台中的各类政务账号运营应当具有舆情研判的能力，对各类可能会发生的舆情进行预警，制订应对方案。对于无法研判的突发性事件，应在调查核实后尽快做出回应，及时辟谣，避免出现“舆情搭车”或“次生舆情”。

四、网络舆情的发展历程

网络舆情的发展历程是一个动态的过程，受到“事件本身的话题性”“利益相关方的助推”“意见领袖的助力”以及“新闻媒体的聚焦和引爆”四个因素的影响。只有了解网络舆情的发展阶段，掌握网络舆情四个影响要素，才能有助于对网络舆情进行科学研判，更加适时地开展有效的网络舆论引导。

（一）网络舆情的潜伏阶段

这是网络舆情发展的初始阶段，诱发舆论的信息零散地出现在关联度并不高的信息内容页面中，浏览量有限，只有少量的网友转载或跟帖，在小范围内进行信息传播，还没有形成网民关注和广泛舆论，其影响力是潜在的。

（二）网络舆情的形成阶段

网络舆情初期的信息，在某些传播因素的作用下受到大量关注，快速为多个网站或网页转载，相关页面的访问量和信息点击量呈爆炸式增长。同时，多个网站特别是重点新闻网站和商业门户网站将相关舆情信息在显要位置加以呈现，开设相关专题网页，并收集各种媒体与该专题相关的信息内容，形成多维信息链。新闻跟帖、论坛发帖评论及跟帖等也同步快速增长，集中反映网民的意见和诉求，网络舆论形成。

（三）网络舆情的成熟阶段

网络舆情的成熟阶段即成为网络媒体的舆论焦点。网络媒体与传统媒体有效互动、相互促进的舆情发展态势，纷纷将舆情进展作为重点传播议程加以呈现，形成媒体报道热点；处于热议阶段的网络舆情，由于媒体议程设置的凸现作用，网民的参与度进一步得到提高，媒介舆论压力进一步增大，舆情中民意诉求进一步强化，形成社会舆论焦点；作为社会精英层的专家学者也都加入进来，进行学理分析和现实批判，形成学者研究热点；公共舆论的压力骤增。在强大的公共舆论压力下，无论对于相关的直接责任主体，还是作为社会管理者的政府，在处理舆情所涉及的问题上难度都成倍加大，形成政府处理难点。在这个阶段中，政府部门或直接负责主体需要对舆情事件做一个回应，引导民众客观地看待舆情产生和发展的过程，重视网络舆情积极的信息传播效果，尽量避免接收和传播具有负面影响的信息，并认同政府及直接责任主体对舆情事件的处理态度、措施和结果。

（四）网络舆情的消退阶段

在舆情事件得到解决或者真相得以公开后，网民和民众逐渐减少对该事件的关注，并减少或不再在新媒体中发表自己的看法，这个时候就进入了网络舆情的消退阶段。在这一阶段中，网络舆情的影响范围和强度不断降低，如果没有新的相关话题产生或刺激，舆情信息将在新媒体中自动消亡。消退阶段要防止舆情反弹。

目前，网络舆情应对有五个要素：主动回应、有效应对、事件处理、媒体沟通、恢复声誉。网络舆论管理的重点主要集中在五个方面：对网络信源的控制、对网络链接的管理、对网络安全的重视、对网络交互的关注、对行业人员素质的培训。人民网舆情数据中心舆情分析师钟新星认为，舆情事件发生后，首要任务是判断事件的风险，这是后续应当采取何种处置手段的重要判断。根据社会统计学，判断风险首先需要将概念操作化，建立评判体系，划分评判标准。其中，有六个显性指标具有可监测、可量化、可评估、可比较的特点，可通过监测系统用以判断舆情热度以及事件的风险。这六个显性指标包括传统媒体报道、网络名人关注、线下行动、境外媒体介入、网站推荐、网民关注度。在实际的研判中，各个指标如果达到一项，往往都会产生较高的风险，如果是多项叠加，风险系数可能会呈指数倍增长。

某软件公司是一家专业从事互联网大数据分析，专注于大数据信息的挖掘和价值传递的高新技术企业。目前，公司对外提供数据的规范化、分析处理和深度挖掘服务。在舆情领域颇具影响力的数据分析产品有"鹰击早发现""鹰眼速读网"。

"鹰击早发现"系统是面向政府的在线社交网络舆情监测分析系统，以大数据思维监测和分析海量的社交网络数据，为各级政府提供社情民意、民生热点或突发事件等各类舆情的发现与分析服务。尽早发现突发事件，为早报告、早响应提供先机。

"鹰眼速读网"系统是面向政府的全网舆情监测分析系统，以大数据思维在全网范围内监测和分析挖掘舆情的传播声量、传播来源、传播媒体类型、转载情况以及情感态度，为各级政府提供全网话题、全网热点、重大事件、民生热点等重点关注舆情的订阅和分析服务，便于掌握舆情发展的路径、脉络和态势。

第五节　新媒体用户分析

纵观媒介发展的历史，每一次科技的进步首先带来的是传播方式的变革：印刷术的发明带来报纸的诞生；广播电视技术带来了广播和电视媒体的兴起；互联网技术的发展为网络媒体的发展提供了基础；而 5G 的到来也让新媒体获得了非常广阔的发展前景。

移动互联网时代新媒体产品竞争日益激烈，只有具备用户思维，将产品目标与目标用户需求完美结合，关注用户的使用体验，实现以用户为中心的设计，才能够形成新媒体产品的可持续性竞争力。新媒体在新闻产品生产和传播过程中具备用户思维也至关重要，必须通过用户思维去深挖用户的真实想法，并以此为出发点生产新闻产品，进行有效传播，才可能产生点击量，进而增强媒体的传播力和知名度。因此，采取科学有效的研究方法确定目标用户，瞄准用户重大需求是新媒体产品设计的重中之重。

在传播学中，传播过程包含传播主体——传播者；传播客体——受传者；传播信息——内容；传播渠道——媒介；传播效果——反馈五个构成要素。“用户”即受传者，也是传播过程中信息到达的终点，称为信宿。传统意义上的受众既包括大规模信息传播中的群体，即电视观众、广播听众和报刊读者，也包括小范围信息交流过程中的个体。受众具有一种被动的属性，传播者、媒体和用户三者构成一条完整的传播链。“用户”一词最早出现在营销学的领域，是指某一种技术、商品或服务的使用者，或被服务的一方。西方学者将受众与用户的区别进行了总结，如表 5-1 所示。

表 5-1 受众与用户的区别

对比项目	受众	用户
媒体传播模式	消费型的工业模式	生产与消费融合的社会化模式
信息接收特点	被动	主动
与媒体联系方式	单向	双向
不同群体界限	界限划分明显，身份固定，有专业和业余、生产者和消费者的划分	界限模糊，身份会随不同情形转换：专业和业余、生产者和消费者界限模糊
个体或行动者	个体	行动者可以是个体，可以是机构，也可以是各种身份或团体
是否跨平台和跨媒体	针对单一媒体形态：不同用户追随不同媒体形态，例如电视、报纸、广播等，用户追随信息内容	跨平台和跨媒体可以应用于任何与计算机相关的行为，同一个用户可以与任何媒体信息内容相联系，由用户追随信息内容变为信息内容追随用户

人在传播实践中能动创造出传播环境、传播工具，但是，作为传播中心的人，作为能动主体的人在新媒体传播环境中强化了自己的主体地位，突出了主动性，避免了媒体信息传播的零效果或负效果现象。

一、用户获取、传播信息

传统媒体向新媒体的转变是科学技术发展的体现，更是人们交流的根本需要。传统媒体与受众之间的信息传播模式是单向的，然而新媒体交互性的信息传播特点创造性地赋予了用户主体地位，使用户可以进行信息生产和传播，媒体从传统的主动传播者变成了一个供用户平等参与的公共空间。用户不仅仅是信息内容的消费者，也成为信息内容的生产者和传播者。

1. 用户的交流方式改变

以移动通信技术和网络技术为基础的新媒体可以为用户提供足够广阔的信息交流空间，从而为信息共享的发展奠定坚实的基础，也逐渐改变了用户的日常交流方式。微博、微信等社交新媒体平台的出现，将用户的日常交流方式从电话和短信改变为文字、图片、语音和视频等共同展示的多媒体方式。

2. 用户信息传播渠道改变

传统媒体的信息传播方式具有单向性特点，受众不能选择信息内容，只能被动地接收，且信息的传播时间、传播内容和传播形式都是由媒体这个唯一的传播者决定，而且传统媒体通常不会收到来自受众的反馈。随着各种新媒体技术的不断发展，传播平台个性化特征显现，信息的传播渠道不再局限于电视、报纸或电台等传统媒体平台，以微博、微信和直播平台等为代表的新媒体，网络交流平台担负起信息传播渠道的重要角色。

无论是早期的博客，还是现在主流的微博和微信，新媒体都为用户的互动交流与信息传播提供了平台。传统媒体的单向信息传播导致用户的交流圈较小，受众之间缺乏交流，从其他受众处所得到的信息也较少，那么自己知识的储存量就会较小。随着时代的变化与发展，过去只能单向接收信息的“用户”逐渐可以参与到信息的传播过程中，并最终形成了双向传播。这种进步不但代表“用户”在信息传播领域地位的转变，而且代表了“用户”向“用户”角色的转变。

二、用户生成内容

用户生成内容简称 UGC(User Generated Conten)，最早起源于互联网领域，即用户将自己原创的内容通过互联网平台进行展示或者提供给其他用户，是伴随着以提倡个性化为主要特点的 Web2.0 概念兴起的。UGC 内容是用户经过创作或改编而成的内容，由非专业人员或非权威组织创作，具有一定的创新性，能够体现用户自己的思想、观点或意见，信息生产和传播没有商业市场的介入，创作过程中也没有商业利益动机的驱使。

清华大学彭兰教授在《新媒体用户研究：节点化、媒介化、赛博格化的人》一书中提出了新媒体用户研究的三种视角："节点化""媒介化"和"赛博格化"。

1."节点化"用户

"节点化"用户，即将新媒体用户视作新媒体的传播、社交关系、服务这三种网络的节点，以此洞察新媒体时代传播的新意义以及社会关系的重塑。虽然新媒体用户这样的表达早已被接受，但是，将用户视作网络节点的思维，并不普遍。彭兰教授认为新媒体用户可以是共享经济的"节点"、社群经济的生产力，也可以是场景经济的服务对象。他同时还延伸讨论了新媒体用户在不同场景或视角下的矛盾属性，阐释了用户在个性化与社会化、主动与被动、娱乐化与政治化、情绪化与理性以及免费与付费方面的矛盾与"摇摆"。"今天，人与人的关系网络已成为传播网络的一个基础，人也开始扮演起传播网络中的'节点'的角色。"彭兰教授认为"节点化"视角，有助于研究各种新的关系以及这种关系对人和媒介带来的影响。用户成为网络传播结构和网络社会结构中的基本要素，这也是曼纽尔·卡斯特和范·迪克在提出各自的"网络社会"概念时所预见到的，尽管他们对于网络社会的界定不尽相同。而今天新媒体经济的发展，也凸显了用户在另一种网络中的节点化意义，那就是服务网络。作为节点的用户，推动了新媒体在传播、社会、经济方面的演进，同时，人与人、人与内容、人与服务等连接的链条对他们的影响甚至钳制也越来越深重。

2."媒介化"生存的人

新媒体用户受到移动技术、数据分析技术、智能技术等多种新技术因素的共同作用，以数字化方式生存在交错的时空中，数字化生存赋予了他们新的存在方式与存在感，又从不同维度反映了现实社会和现实自我。这种数字化生存，也是一种典型的"媒介化"生存。媒介与现实生活之间形成了一种相互映照、相互生成的关系。理解这些新的关系，才能更好地理解新媒体时代的人。

3."赛博格化"的人

"赛博格"是一种人类与电子机械的耦合系统，人工智能时代的到来不断地改变着人的生存方式，促成人的"赛博格化"，也在改变着人机关系的走向，使人机关系成为未来重要的传播关系。

第六节　新媒体的失范与管理

一、新媒体的失范

当我们通过互联网即时浏览信息、便捷购物、自由交流，遨游网络空间的时候，网络暴力、人肉搜索、流量造假、操纵账号等行为也在污染着网络生态。新媒体是一把双刃剑，在推动社会发展的同时也存在很多失范现象。

(一)网络信息安全形势严峻

随着5G移动通信、大数据、物联网、人工智能等技术的飞速发展，互联网应用越来越多地渗透到人们生活、工作的各个领域，逐渐成为用户信息数据的主要入口和核心载体。随着信息化的深入和信息系统的普及，网络环境下的信息安全问题日益突出，影响越来越广，不仅关系到网络系统的正常使用、用户资产和信息资源的安全、企事业单位的信息建设和发展，波及政府、金融、教育、制造业等各个领域，甚至关系到社会稳定和国家安全。网络信息安全问题包括以下四个层次。

1. 国家安全

国家安全，即如何保护国家机密不受网络黑客的袭击而泄密，如何保证国家机构不受网络黑客的袭击而正常运作。《2020年上半年我国互联网网络安全监测数据分析报告》显示，我国境内被篡改的网站数量为243 709个，被篡改的政府网站有1 030个。国家安全信息漏洞共享平台(CNVD)收集整理信息系统安全漏洞20721个，处置涉及政府机构、重要信息系统等网络安全漏洞事件近1.5万起。

网络霸权主义侵袭互联网秩序稳定。当今世界，个别国家在网络信息关键技术领域依然掌握垄断性、压倒性、不对称优势，掌控国际互联网关键资源，将技术优势转化为网络空间全球治理权力优势的意图与行动没有变，网络空间霸权主义、强权政治依然存在，致使不同国家和地区之间数字鸿沟不断拉大，以规则为基础的互联网全球治理进展迟缓。

网络全球公害威胁互联网发展治理。利用对不对称技术优势和国际互联网关键资源的掌控，有的国家通过大规模网络监控和网络窃密，对他国实行渗透和煽动，危害其国家和政治安全；针对金融、能源、电力、交通、电信、政务等关键信息基础设施的网络攻击，严重危害主权国家经济和社会安全；网络违法、有害或不良信息侵蚀未成年人身心健康，破坏公序良俗；世界范围内存在侵犯个人隐私、侵犯知识产权、散布虚假信息、实施网络诈骗、开展网络恐怖主义活动等违法犯罪行为。

2. 商业安全

商业安全，即如何保护商业机密、企业资料不被窃取。对新闻事业而言，网络的商业安全在于如何保护新闻信息的内容、背景及消息来源不被他人非法利用。《2020年上半年我国互联网网络安全监测数据分析报告》显示，境内工业控制系统的网络资产持续遭受来自境外的扫描嗅探，日均超过2万次，经分析，嗅探行为源自美国、英国、德国等境外，目标涉及境内能源、制造、通信等重点行业的联网工业控制设备和系统。

3.个人安全

个人安全，即如何保护个人隐私(包括邮箱密码、个人背景资料、信用卡号码、健康状况等)不被非法利用。

通过对遭遇网络诈骗网民的进一步调查发现：虚拟中奖信息诈骗仍是网民最常遭遇的网络诈骗类型，占比为49.1%；冒充好友诈骗的占比为36.0%；网络购物诈骗的占比为31.8%。虽然这几个数据较2020年3月都有所下降，但仍然对网民造成了巨大的伤害。2020年11月，新浪微博就APP存在2个问题发布致歉公告，包括“未逐一列出嵌入的腾讯Bugly、淘宝等第三方SDK收集使用个人信息的目的、类型；以不正当方式误导用户同意收集个人信息”。

2018年，一位名叫迪伦·库兰的爱尔兰技术专家下载了谷歌，从他身上收集的所有数据信息为总计5.5 GB的生命数据，相当于300万个Word文档。

迪伦在《卫报》的一篇文章中写道：“我曾经浏览或点击过的每个Google广告，我曾经启动或使用过的每个应用程序，我曾经访问过的每个网站都被一一保存。谷歌还拥有我曾经搜索和保存的每张图片，曾经搜索或点击过的每个位置，曾经搜索或阅读过的每则新闻以及自2009年以来我所搜索过的每一个关键词与相关页面，甚至还包括自2008年以来我搜索或观看过的所有YouTube视频。”除此之外，迪伦还发现，谷歌不仅详细记录了他参加过的活动，还保留了他曾经发送或接收的所有电子邮件，包括已删除的电子邮件。

4.电脑自身安全

电脑自身安全，即如何保证接入互联网的电脑不受网络病毒的侵袭。计算机病毒是一种计算机程序，又被称为“数字恶魔”，具有寄生性、潜伏性、隐藏性和传染性的特点。目前，恶意程序及安全漏洞数量持续走高，安全态势日益复杂。网络病毒、数据泄露等网络安全事件层出不穷，网络安全事件的规模越来越大。

(二)网络信息污染问题

信息污染是指媒介信息中混入了有害性、欺骗性、误导性信息元素，或者媒介信息中含有的有毒、有害的信息元素超过传播标准或道德底线，对传播生态、信息资源以及人类身心健康造成破坏、损害或其他不良影响。

1.垃圾信息

垃圾信息扰乱生活安宁。根据资料分析，在全球信息系统中，文献中信息垃圾(包括盗版信息、虚假信息、过时老化信息、污秽信息等)所占的比例不少于50%，在个别学科领域甚至高达80%，严重污染了互联网中的信息源和信息环境，干扰了对有效信息的开发和利用。盗版信息是指在未经版权所有人同意或授权的情况下，对其拥有著作权的作品、出版物等进行复制所形成的信息。虚假信息指传播者有意识传递的虚假错误信息，误导、诱骗他人。过时老化信息，即失去时效、老化无用信息。污秽信息要指带有巫术、迷信、淫秽等内容的信息，还有无从证实的传闻、流言、诽谤等恶意传递的污垢信息。

2. 污染信息

污染信息主要有违法信息（如扰乱社会秩序、侵害公民隐私、辱没他人名誉、尊严，虚假信息等）、违反公共道德的信息（如教唆性信息、洗脑性信息、反主流价值观信息、扰乱纲常伦理的信息等）、具有潜在危害的信息（如暴力、血腥信息的误导、别有用心的教化信息、具有错误心理暗示的信息、愚化、奴化信息等）。

（三）网络信息侵权问题

网络信息侵权问题主要包括网络传播侵犯知识产权和网络传播侵犯人格权两部分。

1. 网络侵犯知识产权

随着互联网技术的飞速发展和网民规模的不断扩大，通过网络实施的侵犯知识产权的犯罪比例逐年增加，网络应用服务、复制游戏源代码等新型网络侵权犯罪层出不穷。著作权包括著作人身权和著作财产权，著作人身权是指作者通过创作表现个人风格的作品而依法享有获得名誉、声望和维护作品完整性的权利。该权利由作者终身享有，不可转让、剥夺和限制。作者死后，一般由其继承人或者法定机构予以保护。根据中国《著作权法》的规定，著作人身权包括发表权、署名权、修改权和保护作品完整权；著作财产权是作者对其作品的自行使用和被他人使用而享有的以物质利益为内容的权利。著作财产权的内容具体包括复制权、发行权、出租权、展览权、表演权、放映权、广播权、信息网络传播权、摄制权、改编权、汇编权、翻译权以及其他应由著作权人享有的权利。

侵犯著作权行为多表现为将他人享有著作权的作品电子化后上传到开放式的网站供他人浏览、点播、下载，例如在淘宝网、百度网盘、微信等网络渠道上进行大肆售卖。在司法实践中比较常见的情形是提供免费影视资源网站的直接负责人员或者主管人员因其通过信息网络向公众提供他人影视作品的行为而被认定构成侵犯著作权犯罪。

商标权，是指商标所有人对其商标所享有的独占的、排他的权利。在我国，由于商标权的取得实行注册原则，因此，商标权实际上是因商标所有人申请、经国家商标局确认的专有权利，即因商标注册而产生的专有权。商标是用以区别商品和服务不同来源的商业性标志，由文字、图形、字母、数字、三维标志、颜色组合、声音或者上述要素的组合构成。侵权方式主要包括：①未经注册商标所有人的许可，在同种商品或者类似商品上使用与其注册商标相近或者近似的商标的；②销售明知是假冒注册商标的商品的；③伪造、擅自制造他人注册商标标识或者销售伪造、擅自制造的注册商标标识的；④故意为侵犯注册商标专用权的行为提供便利条件的；⑤给他人注册商标专用权造成其他损害的。

2020年某网站的主办单位上诉经营另一网站的三家公司侵害商标权纠纷一案在某市某区人民法院开庭审理。被告被判决立即停止侵害相关注册商标专用权的行为，赔偿原告经济损失，并连续多日刊登声明以消除影响。

2. 网络传播侵犯人格权

《中华人民共和国民法典》人格权单独成编，意在全面加强对公民人格权的保护，回应互联网大数据科技爆炸时代对法律提出的新的挑战。第四编人格权编：人格权是民事主体对其特定的人格利益享有的权利，关系到每个人的人格尊严，是民事主体最基本的权利。主要包括侵犯名誉权，如在网络世界非法攻击、诽谤他人的行为；隐私权，《侵权责任法》第二条规将隐私权作为一个正式的人格权的概念正式提了出来，主要表现为人肉搜索、肖像权和姓名权盗用或假冒。

2020年某互联网法院发布《网上侵害人格权案件司法大数据分析报告》。该报告以互联网法院审理的利用互联网侵害人格权纠纷案件，中国裁判文书网收录的涉及“网络”的人格权纠纷案件作为基础。该报告分析网上侵害人格权案件主要有以下特点：一是当事人分布广泛；二是商事主体涉诉值得关注；三是年轻被告占比较大；四是影视明星、网络大V涉诉较多；五是未成年人人格权受侵害亟须重视；六是网络平台成为共同被告比较普遍，判决担责较少；七是网络平台披露用户信息不够及时全面；八是精神损害赔偿已成为诉求重点；九是诉因复杂多样，个人信息日益成为焦点。

（四）网络暴力

网络暴力是指网民在网络上的暴力行为，是社会暴力在网络上的延伸。其表现形式有：①网民对未经证实或已经证实的网络事件，在网上发表具有攻击性、煽动性或侮辱性的失实言论，造成当事人名誉损害；②在网上公开当事人现实生活中的个人隐私，侵犯其隐私权；③对当事人及其亲友的正常生活进行行动和言论侵扰，致使其人身权利受损，等等。

中国青年政治学院教授戚鸣认为：“网络暴力是为一种通过网络行为沉重打击人们精神心理的软暴力，它主要体现在通过网络语言，对一种事件、现象或对某个人、某个部门进行攻击，或者发布信息制造轰动效应，达到诋毁目的，从而引起无数人们的追随与围观，引发庞大规模众人参与的网络事件。”

网络暴力从实质上可解释为网民在虚拟世界中的非理性表达，属于一种网络亚文化形态。网络暴力产生的影响因素有很多，技术发展带来的衍生问题是第一个重要成因。互联网为人们缔造了一个可以匿名的虚拟世界，每个个体都以符号的形式出现，拥有平等的发言权，这导致他们开始追求在原来世界里无法满足的一些需求，出现“去抑制行为”状态，使网络世界成了网民恣意表演的空间。第二个原因是大众心理的群体极化。在网络传播过程中，普遍的社会经验和基本的价值共识被抛弃，大众借助于网络舆论的道德审判一哄而上，在相互影响中感染、强化，最后，情绪化的声音淹没了理性的思考。1961 年，詹姆斯・斯托纳通过实验发现，群体决策比个体决策更容易走极端，由此提出了“群体极化”概念。美国学者凯斯・桑坦斯在《网络共和国——网络社会中的民主问题》中写道：“团体成员一开始便有某些偏向，在商议后人民朝偏向的方向继续移动，最后形成极端的观点。”第三个原因是商业利益的驱动。媒体、网站对眼球率的追求在某种程度上成为网络暴力的推手。煽动性的标题、具有冲击力的配图、情绪化的表述，加上网络议程设置中一些存在利益链的“大 V”助推，为这种病毒式传播添了一把火。

与现实生活中的暴力事件不同，网络暴力主要是“符号暴力”，包括语言、图像等，而非肢体暴力，因此一般人认为无关紧要。

网络暴力是新媒体传播负效应、生态异化的一个重要体现，它对用户的异化主要体现在纵容了其对他人隐私的非理性关注与推波助澜。出于发泄情绪、满足猎奇心理，得到认同和共识的安全感等在网络中畸变的心理需求，网络暴民在网络和现实中团结一致采取的行为，对当事人，特别是无辜当事人的伤害更是影响至深。

2018 年 12 月 25 日，中国社科院主办的《社会蓝皮书：2019 年中国社会形势分析与预测》，报告显示，青少年在上网过程中遇到过暴力辱骂信息的比例为 28.89%。暴力辱骂主要表现为“网络嘲笑和讽刺”“辱骂或者用带有侮辱性的词汇”“恶意图片或者动态图”“语言或者文字上的恐吓”等。青少年遭遇暴力辱骂信息的最主要场景是社交软件，遇到暴力辱骂信息的比例与其关注的内容和使用的平台有关系，也与社交网络、网络社区和新闻及留言的互动性和话题性较强，容易引发不同观点的争论并形成冲突有关。而短视频的一些制作者为了吸引眼球，有时候也会故意引入有争议的话题并使用偏激语言。在应对方式上，报告称，“当作没看见，不理会”是青少年最常用的应对暴力辱骂信息的方式；其次是“网络投诉或者举报”；而选择告诉父母、老师、兄弟姐妹等亲朋好友的比例均不足一成。

（五）网络谣言

谣言，指的是没有相应事实基础却被捏造出来并通过一定手段推动传播的言论。1947年，美国学者奥尔波特给出了一个决定谣言的公式：谣言＝（事件的）重要性×（事件的）模糊性。他在这个公式中指出了谣言的产生和事件的重要性与模糊性成正比关系，事件越重要而且越模糊，谣言产生的效应也就越大。当重要性与模糊性一方趋向零时，谣言也就不会产生了。随着网络技术和信息技术的不断发展，谣言也由传统的口耳相传发展为网络谣言。网络谣言是指通过网络介质（例如微博、国外网站、网络论坛、社交网站、聊天软件等）而传播的没有事实依据的话语，主要涉及突发事件、公共卫生领域、食品药品安全领域、政治人物 、颠覆传统、离经叛道等内容。

新媒体提供了一种新型的传播情境，在这种新型“拟态环境”下，虚拟世界与现实世界相互交织，网络信息与现实信息即时互动，受者虚拟身份与现实身份兼而有之，传播过程更加复杂、多元，其产生的影响力也呈几何级数增长，网络谣言的危害程度也变得更加难以预料且难以控制。因此对正常的社会秩序容易造成不良影响。在网络谣言中，既有网民随意发帖的行为，同时也反映出网络平台在内容发布和审核过程中存在的漏洞。

2018年8月29日，由中央网信办违法和不良信息举报中心主办、新华网承办的中国互联网联合辟谣平台在北京正式上线，主要是治理网络谣言、打造清朗网络空间，旨在为广大群众提供辨识谣言、举报谣言的权威平台。辟谣平台的宗旨是：发布权威辟谣信息，提升网民媒介素养，营造清朗网络空间，实现对网络谣言“清存量、控增量、断传播”。

2020年“杭州女子取快递遭偷拍被造谣事件”“清华学姐事件”等网络热点让“社会性死亡”一词上了热搜。在网络时代，“社会性死亡”事件并不少见，不少人成了网络谣言和网络暴力的受害者。“社会性死亡”最初只是网友对自己发生尴尬事的自嘲语，随后慢慢演变成网友在网络上被造谣、个人信息被曝光，遭遇网络暴力后工作、社交等陷入困境，声誉遭到侵害的代名词。对广大网友来说，上网时应不信谣、不传谣、不造谣，学会辨清那些事实不清、真相不明的信息，避免被谣言误导。当发现网络上传播的热点事件时，不要随意发表不负责任的言论，不能为了吸引眼球、吸引流量而制造和散播假消息，更不能越过法律底线，泄露当事人的个人信息。2021年1月1日起施行的《中华人民共和国民法典》明确规定，任何组织或者个人不得以侮辱、诽谤等方式侵害他人的名誉权。任何组织或者个人需要获取他人个人信息的，应当依法取得并确保信息安全，不得非法收集、使用、加工、传输他人个人信息。网络用户、网络服务提供者利用网络侵害他人民事权益的，应当承担侵权责任。

2021年1月5日，央视新闻客户端播出了《网络造谣 面临多重法律问责》，网络造谣需承担民事责任的情况：网络造谣侵犯个人、法人或者其他组织的名誉权、荣誉权等，按照新实施的《民法典》第179条规定，承担民事责任的方式包括停止侵害、赔偿损失、消除影响、恢复名誉、赔礼道歉等。

网络造谣需承担行政责任的情况：根据治安管理处罚法第25条规定，散播谣言，谎报险情、疫情、警情或者以其他方法故意扰乱公共秩序的，处5日以上10日以下拘留，可以并处500元以下罚款；情节较轻的，处5日以下拘留或者500元以下罚款。

网络造谣需要面临承担刑事责任的情况：如编造、故意传播虚假恐怖信息罪，刑法第291条规定，情节严重的，对首要分子，处5年以下有期徒刑、拘役或者管制。

二、新媒体的管理

当今的新媒体发展已经跨越了媒介形态的界限，跨越了文化的隔阂与时空的拘囿。然而，在传统媒体与新媒体既各领风骚又彼此交融，共同组成“媒介大餐”的今天，在面对满目的影像、盈耳的声乐、唾手可得的八方信息的同时，人们并没有获得真正的解放和振奋，还会感到身心的疲惫与某种精神的迷幻。这就昭示我们当今人类社会正处于一个关键点：围绕生存与发展，人类正面临许多亟待解决的问题，新媒体的飞速发展改变了信息传播的格局和形态，但是也带来许多隐患，弱化了社会管理者在信息资源把控方面的优势。如果任由信息泛滥，就会形成信息漏洞，并对其他媒体的管理形成冲击，甚至会扰乱社会秩序，破坏社会稳定，直接危害国家安全和人民的根本利益。我们只有在全局意识的统领下，在社会治理中发挥新媒体的作用，构建共建、共治、共享的网络社会治理共同体。

舆论有底线，法律有底线。网络空间乌烟瘴气、生态恶化，不符合人民的利益。因此，推动社会治理从现实社会向网络空间覆盖，建立健全网络综合治理体系，加强依法管网、依法办网、依法上网，全面推进网络空间法治化，营造清朗的网络空间，建设良好网络生态，弘扬社会主义核心价值观刻不容缓，势在必行。

但是，长期以来，互联网的隐蔽性、不确定性等特点，导致网络监管困难重重，加大了网络问题的监管难度。主要表现在：传播者身份的隐蔽性、传播时间和地点的不确定性、传播者自身具有较高的技术水平、跨国传播挑战司法管辖、文化传统不一、政策法规滞后。

在对新媒体参与社会治理问题上，上海大学新闻传播学院院长严三九提出了三个思考方向：第一，建设新媒体+网络舆论引导体系，保障网络文化安全；第二，建设新媒体+网络综合治理体系，提升网络综合治理的专业化、信息化和智能化水平；第三，提升新媒体+网络社会治理能力，促进网络综合治理向生态化建构。

总之，我们要发挥新媒体的作用，构建共建、共治、共享的网络社会治理共同体。

(一)完善网络法律制度，保障公民依法安全用网

2000年9月25日，国务院令(第292号)宣布实施《互联网信息服务管理办法》。该办法对互联网的性质分类、申报登记、内容管理、经营管理等方面均做出了详细的规定，并制定了有关处罚措施。

2000年11月7日，国务院新闻办公室、信息产业部联合发布《互联网站从事登载新闻业务管理暂行规定》。该规定为促进中国互联网新闻传播事业的发展，规范互联网站登载新闻的业务，维护互联网新闻的真实性、准确性和合法性等奠定了一定的法规基础。在同一天，信息产业部发布《互联网电子公告服务管理规定》，为加强对互联网电子公告服务的管理，规范电子公告信息发布行为，维护国家安全和社会稳定，保障公民、法人和其他组织的合法权益，奠定了法律基础。

我国还陆续制定和发布了《中国互联网行业自律公约》《互联网站禁止传播淫秽、色情等不良信息自律规范》《文明上网自律公约》等法规条文。2017年6月1日，我国网络安全领域首部基础性、框架性、综合性法律《中华人民共和国网络安全法》正式施行。2020年10月21日，中国人大网公布《中华人民共和国个人信息保护法(草案)》(以下简称"《个人信息保护法(草案)》")全文，并对其公开征求意见，现尚在制订中。《个人信息保护法(草案)》蕴涵着立法者对人脸识别、人肉搜索、数据跨境传输、自动化决策、信息脱敏等热点问题的对策及解答。作为首部专门规定个人信息保护的法律，《个人信息保护法(草案)》在正式出台后，将成为个人信息保护领域的"基本法"。《民法典》在总则部分第一百二十七条指出："法律对数据、网络虚拟财产的保护有规定的，依照其规定。"《网络信息内容生态治理规定》于2020年3月1日正式实施。

截至2020年6月，我国国内市场上监测到的APP数量为359万款。规模排在前四位种类(游戏、日常工具、电子商务、生活服务类)的APP数量占比达58.6%。当前APP数量已超500万款，然而私自收集个人信息、超范围收集个人信息、私自共享给第三方、不给权限不让用等问题并不少见。工信部印发《关于开展纵深推进APP侵害用户权益专项整治行动的通知》，要求2020年8月底前上线

运行全国 APP 技术检测平台管理系统，12 月 10 日前完成覆盖 40 万款主流 APP 检测工作。

自 2020 年 6 月以来，国家版权局、国家互联网信息办公室、工业和信息化部、公安部联合开展打击网络侵权盗版“剑网 2020”专项行动。各级版权执法监管部门不断加大版权执法监管力度，严厉打击视听作品、电商平台、社交平台、在线教育等领域的侵权盗版行为，着力规范网络游戏、网络音乐、知识分享等平台的版权传播秩序，共删除侵权盗版链接 323.94 万条，关闭侵权盗版网站（APP）2884 个，查办网络侵权盗版案件 724 件，其中查办刑事案件 177 件、涉案金额 3.01 亿元，调解网络版权纠纷案件 925 件，进一步净化了网络版权环境，使我国网络版权秩序进一步规范，专项行动取得显著成效。

（二）加强新媒体内容监管，建设核心价值观维系时代精神，营造清朗的网络空间

习近平总书记在全国网络安全和信息化工作会议上的重要讲话，着眼于新时代、新形势和新挑战，从党长期执政和国家长治久安的战略高度，深刻阐明维护网络安全的重要性和实践要求，对做好新时代的网络安全和信息化工作具有重要指导意义。新媒体便捷、高效和操作成本低等特点，有利于社会公众发布各种信息内容，但也容易引发不安定事件，监管难度大。因此，监管部门应探索完善治理方式，加强源头治理、协同治理和综合治理。依法明确各大网络媒体平台在培育和践行社会主义核心价值观中的具体责任，坚持社会主义核心价值观与网络文化实践相结合，加强对综艺娱乐节目、互动媒体的价值理念引领，使恶俗低俗、违规违法、恶意炒作、造谣传谣等不良内容和行为失去生存的空间。

（三）提升新媒体从业者的素质，加强行业自律

新媒体具有即时性、开放性和互动性等独特优势，使得主流的新闻网站和移动新闻客户端等新媒体平台成为人们获取信息的主要渠道，这无疑对新媒体从业人员的素质提出了更高的要求。各网络平台应落实主体责任，切实担负起社会责任，加强守法自律、加强平台自治、加强智能排查。新媒体从业人员首先要具备一定的法律意识，具备基本的职业素养、职业道德，具有较强的信息获取能力、网络数据分析能力和策划营销能力。鼓励新媒体从业主体自觉在文化传播中践行社会主义核心价值观，不断推出有益于提升公众审美情趣、引领社会道德风尚的健康文化产品。社会、行政、法律等机制建设也可以有效强化新媒体行业人士的道德素质建设。例如，抖音、快手等 53 家平台推出“青少年防沉迷系统”；腾讯推出“成长守护平台”，限制未成年游戏用户的使用；斗鱼关停未成年直播间，加强对未成年用户的监督和保护。

(四)提高用户网络素养,培育良好的网络法治意识

提高用户网络素养不但有利于新媒体的发展,而且能够继续保持和发扬用户在新媒体信息传播中沉着、冷静且积极参与的态度,以及不因大量网络信息冲击而丧失选择理解、质疑评估和创造生产的能力,有利于进一步深化新媒体的管理。

治理网络生态实际上是国家利益、公权力与商业资本的博弈。新媒体成为社会治理专业化与智能化的重要帮手,网络治理能力现代化水平不断提升。在日趋复杂的互联网环境中,网络用户应提高文明意识和法治意识,加强自我保护,理性文明上网,依法合理维权,加强自我保护。作为受者,用户获取信息的渠道和角度应该多样化,学会选择性地阅读信息内容,正确理解媒介信息,提高对虚假信息等的免疫能力;作为传者,用户应自觉接受信息传播方面的素质教育,提升个人的道德修养与法律意识,要充分认识到信息发布后的社会影响,强化公民职业精神。而这两面的改善都需要学校的教育、政府的政策鼓励和媒体的积极宣传。

超级链接

网络信息内容生态治理规定

国家互联网信息办公室令

第5号

《网络信息内容生态治理规定》已经国家互联网信息办公室室务会议审议通过,现予公布,自2020年3月1日起施行。

网络信息内容生态治理规定

第一章　总则

第一条　为了营造良好网络生态,保障公民、法人和其他组织的合法权益,维护国家安全和公共利益,根据《中华人民共和国国家安全法》《中华人民共和国网络安全法》《互联网信息服务管理办法》等法律、行政法规,制定本规定。

第二条　中华人民共和国境内的网络信息内容生态治理活动,适用本规定。

本规定所称网络信息内容生态治理,是指政府、企业、社会、网民等主体,以培育和践行社会主义核心价值观为根本,以网络信息内容为主要治理对象,以建立健全网络综合治理体系、营造清朗的网络空间、建设良好的网络生态为目标,开展的弘扬正能量、处置违法和不良信息等相关活动。

第三条　国家网信部门负责统筹协调全国网络信息内容生态治理和相关监督管理工作,各有关主管部门依据各自职责做好网络信息内容生态治理工作。

地方网信部门负责统筹协调本行政区域内网络信息内容生态治理和相关监督管理工作,地方各有关主管部门依据各自职责做好本行政区域内网络信息内容生

态治理工作。

第二章　网络信息内容生产者

第四条　网络信息内容生产者应当遵守法律法规，遵循公序良俗，不得损害国家利益、公共利益和他人合法权益。

第五条　鼓励网络信息内容生产者制作、复制、发布含有下列内容的信息：

（一）宣传习近平新时代中国特色社会主义思想，全面准确生动解读中国特色社会主义道路、理论、制度、文化的；

（二）宣传党的理论路线方针政策和中央重大决策部署的；

（三）展示经济社会发展亮点，反映人民群众伟大奋斗和火热生活的；

（四）弘扬社会主义核心价值观，宣传优秀道德文化和时代精神，充分展现中华民族昂扬向上精神风貌的；

（五）有效回应社会关切，解疑释惑，析事明理，有助于引导群众形成共识的；

（六）有助于提高中华文化国际影响力，向世界展现真实立体全面的中国的；

（七）其他讲品位讲格调讲责任、讴歌真善美、促进团结稳定等的内容。

第六条　网络信息内容生产者不得制作、复制、发布含有下列内容的违法信息：

（一）反对宪法所确定的基本原则的；

（二）危害国家安全，泄露国家秘密，颠覆国家政权，破坏国家统一的；

（三）损害国家荣誉和利益的；

（四）歪曲、丑化、亵渎、否定英雄烈士事迹和精神，以侮辱、诽谤或者其他方式侵害英雄烈士的姓名、肖像、名誉、荣誉的；

（五）宣扬恐怖主义、极端主义或者煽动实施恐怖活动、极端主义活动的；

（六）煽动民族仇恨、民族歧视，破坏民族团结的；

（七）破坏国家宗教政策，宣扬邪教和封建迷信的；

（八）散布谣言，扰乱经济秩序和社会秩序的；

（九）散布淫秽、色情、赌博、暴力、凶杀、恐怖或者教唆犯罪的；

（十）侮辱或者诽谤他人，侵害他人名誉、隐私和其他合法权益的；

（十一）法律、行政法规禁止的其他内容。

第七条　网络信息内容生产者应当采取措施，防范和抵制制作、复制、发布含有下列内容的不良信息：

（一）使用夸张标题，内容与标题严重不符的；

（二）炒作绯闻、丑闻、劣迹等的；

（三）不当评述自然灾害、重大事故等灾难的；

（四）带有性暗示、性挑逗等易使人产生性联想的；

（五）展现血腥、惊悚、残忍等致人身心不适的；

（六）煽动人群歧视、地域歧视等的；

（七）宣扬低俗、庸俗、媚俗内容的；

（八）可能引发未成年人模仿不安全行为和违反社会公德行为、诱导未成年人不良嗜好等的；

（九）其他对网络生态造成不良影响的内容。

第三章　网络信息内容服务平台

第八条　网络信息内容服务平台应当履行信息内容管理主体责任，加强本平台网络信息内容生态治理，培育积极健康、向上向善的网络文化。

第九条　网络信息内容服务平台应当建立网络信息内容生态治理机制，制定本平台网络信息内容生态治理细则，健全用户注册、账号管理、信息发布审核、跟帖评论审核、版面页面生态管理、实时巡查、应急处置和网络谣言、黑色产业链信息处置等制度。

网络信息内容服务平台应当设立网络信息内容生态治理负责人，配备与业务范围和服务规模相适应的专业人员，加强培训考核，提升从业人员素质。

第十条　网络信息内容服务平台不得传播本规定第六条规定的信息，应当防范和抵制传播本规定第七条规定的信息。

网络信息内容服务平台应当加强信息内容的管理，发现本规定第六条、第七条规定的信息的，应当依法立即采取处置措施，保存有关记录，并向有关主管部门报告。

第十一条　鼓励网络信息内容服务平台坚持主流价值导向，优化信息推荐机制，加强版面页面生态管理，在下列重点环节（包括服务类型、位置版块等）积极呈现本规定第五条规定的信息：

（一）互联网新闻信息服务首页首屏、弹窗和重要新闻信息内容页面等；

（二）互联网用户公众账号信息服务精选、热搜等；

（三）博客、微博客信息服务热门推荐、榜单类、弹窗及基于地理位置的信息服务板块等；

（四）互联网信息搜索服务热搜词、热搜图及默认搜索等；

（五）互联网论坛社区服务首页首屏、榜单类、弹窗等；

（六）互联网音视频服务首页首屏、发现、精选、榜单类、弹窗等；

（七）互联网网址导航服务、浏览器服务、输入法服务首页首屏、榜单类、皮肤、联想词、弹窗等；

（八）数字阅读、网络游戏、网络动漫服务首页首屏、精选、榜单类、弹窗等；

（九）生活服务、知识服务平台首页首屏、热门推荐、弹窗等；

（十）电子商务平台首页首屏、推荐区等；

（十一）移动应用商店、移动智能终端预置应用软件和内置信息内容服务首屏、推荐区等；

（十二）专门以未成年人为服务对象的网络信息内容专栏、专区和产品等；

（十三）其他处于产品或者服务醒目位置、易引起网络信息内容服务使用者关注的重点环节。

网络信息内容服务平台不得在以上重点环节呈现本规定第七条规定的信息。

第十二条　网络信息内容服务平台采用个性化算法推荐技术推送信息的，应当设置符合本规定第十条、第十一条规定要求的推荐模型，建立健全人工干预和用户自主选择机制。

第十三条　鼓励网络信息内容服务平台开发适合未成年人使用的模式，提供适合未成年人使用的网络产品和服务，便利未成年人获取有益身心健康的信息。

第十四条　网络信息内容服务平台应当加强对本平台设置的广告位和在本平台展示的广告内容的审核巡查，对发布违法广告的，应当依法予以处理。

第十五条　网络信息内容服务平台应当制定并公开管理规则和平台公约，完善用户协议，明确用户相关权利义务，并依法依约履行相应管理职责。

网络信息内容服务平台应当建立用户账号信用管理制度，根据用户账号的信用情况提供相应服务。

第十六条　网络信息内容服务平台应当在显著位置设置便捷的投诉举报入口，公布投诉举报方式，及时受理处置公众投诉举报并反馈处理结果。

第十七条　网络信息内容服务平台应当编制网络信息内容生态治理工作年度报告，年度报告应当包括网络信息内容生态治理工作情况、网络信息内容生态治理负责人履职情况、社会评价情况等内容。

第四章　网络信息内容服务使用者

第十八条　网络信息内容服务使用者应当文明健康使用网络，按照法律法规的要求和用户协议约定，切实履行相应义务，在以发帖、回复、留言、弹幕等形式参与网络活动时，文明互动，理性表达，不得发布本规定第六条规定的信息，防范和抵制本规定第七条规定的信息。

第十九条　网络群组、论坛社区版块建立者和管理者应当履行群组、版块管理责任，依据法律法规、用户协议和平台公约等，规范群组、版块内信息发布等行为。

第二十条　鼓励网络信息内容服务使用者积极参与网络信息内容生态治理，

通过投诉、举报等方式对网上违法和不良信息进行监督，共同维护良好网络生态。

第二十一条　网络信息内容服务使用者和网络信息内容生产者、网络信息内容服务平台不得利用网络和相关信息技术实施侮辱、诽谤、威胁、散布谣言以及侵犯他人隐私等违法行为，损害他人合法权益。

第二十二条　网络信息内容服务使用者和网络信息内容生产者、网络信息内容服务平台不得通过发布、删除信息以及其他干预信息呈现的手段侵害他人合法权益或者谋取非法利益。

第二十三条　网络信息内容服务使用者和网络信息内容生产者、网络信息内容服务平台不得利用深度学习、虚拟现实等新技术新应用从事法律、行政法规禁止的活动。

第二十四条　网络信息内容服务使用者和网络信息内容生产者、网络信息内容服务平台不得通过人工方式或者技术手段实施流量造假、流量劫持以及虚假注册账号、非法交易账号、操纵用户账号等行为，破坏网络生态秩序。

第二十五条　网络信息内容服务使用者和网络信息内容生产者、网络信息内容服务平台不得利用党旗、党徽、国旗、国徽、国歌等代表党和国家形象的标识及内容，或者借国家重大活动、重大纪念日和国家机关及其工作人员名义等，违法违规开展网络商业营销活动。

第五章　网络行业组织

第二十六条　鼓励行业组织发挥服务指导和桥梁纽带作用，引导会员单位增强社会责任感，唱响主旋律，弘扬正能量，反对违法信息，防范和抵制不良信息。

第二十七条　鼓励行业组织建立完善行业自律机制，制定网络信息内容生态治理行业规范和自律公约，建立内容审核标准细则，指导会员单位建立健全服务规范、依法提供网络信息内容服务、接受社会监督。

第二十八条　鼓励行业组织开展网络信息内容生态治理教育培训和宣传引导工作，提升会员单位、从业人员治理能力，增强全社会共同参与网络信息内容生态治理意识。

第二十九条　鼓励行业组织推动行业信用评价体系建设，依据章程建立行业评议等评价奖惩机制，加大对会员单位的激励和惩戒力度，强化会员单位的守信意识。

第六章　监督管理

第三十条　各级网信部门会同有关主管部门，建立健全信息共享、会商通报、联合执法、案件督办、信息公开等工作机制，协同开展网络信息内容生态治理工作。

第三十一条　各级网信部门对网络信息内容服务平台履行信息内容管理主体

责任情况开展监督检查，对存在问题的平台开展专项督查。

网络信息内容服务平台对网信部门和有关主管部门依法实施的监督检查，应当予以配合。

第三十二条 各级网信部门建立网络信息内容服务平台违法违规行为台账管理制度，并依法依规进行相应处理。

第三十三条 各级网信部门建立政府、企业、社会、网民等主体共同参与的监督评价机制，定期对本行政区域内网络信息内容服务平台生态治理情况进行评估。

第七章 法律责任

第三十四条 网络信息内容生产者违反本规定第六条规定的，网络信息内容服务平台应当依法依约采取警示整改、限制功能、暂停更新、关闭账号等处置措施，及时消除违法信息内容，保存记录并向有关主管部门报告。

第三十五条 网络信息内容服务平台违反本规定第十条、第三十一条第二款规定的，由网信等有关主管部门依据职责，按照《中华人民共和国网络安全法》《互联网信息服务管理办法》等法律、行政法规的规定予以处理。

第三十六条 网络信息内容服务平台违反本规定第十一条第二款规定的，由设区的市级以上网信部门依据职责进行约谈，给予警告，责令限期改正；拒不改正或者情节严重的，责令暂停信息更新，按照有关法律、行政法规的规定予以处理。

第三十七条 网络信息内容服务平台违反本规定第九条、第十二条、第十五条、第十六条、第十七条规定的，由设区的市级以上网信部门依据职责进行约谈，给予警告，责令限期改正；拒不改正或者情节严重的，责令暂停信息更新，按照有关法律、行政法规的规定予以处理。

第三十八条 违反本规定第十四条、第十八条、第十九条、第二十一条、第二十二条、第二十三条、第二十四条、第二十五条规定的，由网信等有关主管部门依据职责，按照有关法律、行政法规的规定予以处理。

第三十九条 网信部门根据法律、行政法规和国家有关规定，会同有关主管部门建立健全网络信息内容服务严重失信联合惩戒机制，对严重违反本规定的网络信息内容服务平台、网络信息内容生产者和网络信息内容使用者依法依规实施限制从事网络信息服务、网上行为限制、行业禁入等惩戒措施。

第四十条 违反本规定，给他人造成损害的，依法承担民事责任；构成犯罪的，依法追究刑事责任；尚不构成犯罪的，由有关主管部门依照有关法律、行政法规的规定予以处罚。

第八章 附则

第四十一条 本规定所称网络信息内容生产者，是指制作、复制、发布网络信息内容的组织或者个人。

本规定所称网络信息内容服务平台，是指提供网络信息内容传播服务的网络信息服务提供者。

本规定所称网络信息内容服务使用者，是指使用网络信息内容服务的组织或者个人。

第四十二条　本规定自2020年3月1日起施行。

思考题

1.如何利用融媒体平台和新媒体手段报道重大主题事件？

2.简述对“中央厨房”式新闻生产模式的理解。

3.如何理解“赛博格化”用户？

4.结合突发公共事件分析用户的行为特征。

5.试分析影片《搜索》《社交恐惧症》。

6.请结合新媒体各种失范现象，谈谈你对新媒体管理的看法，拟定一份管理方案。

第六章　新媒体与传统媒体

以互联网为代表的新媒体迅速崛起，对传统媒体产生了极大的冲击，传统媒体的生态环境和基本格局发生了重大变化。2006 年年底，美国《时代》周刊年度人物评选封面没有摆放任何名人的照片，而是出现了一个大大的“You”和一台 PC。《时代》周刊对此解释说，社会正从机构向个人过渡，个人正在成为“新数字时代民主社会”的公民。这个“你”，是互联网上内容的所有使用者和创造者。在新媒体结构中，传统媒体的生存空间受到挤压，传统的强势地位开始动摇。由世界媒体实验室和世界经理人集团联合编制的 2020 年度（第八届）《世界媒体 500 强》排行榜于 12 月 22 日在美国纽约揭晓，全球范围内发布的《世界媒体 500 强》排行榜，评判的依据是媒体公司 2019 年的营业收入，涉及电视或广播电台、报纸、图书、期刊、互联网新媒体、有线宽频或卫星、综合媒体、影视文娱或节目及媒体公关传播共 9 个子行业。研究对象覆盖美洲、欧洲和亚洲 40 多个国家和地区的 3000 多家媒体公司，最后按照营业收入的大小确定前 500 名媒体公司，平均收入为 30.07 亿美元。

2020 年《世界媒体 500 强》共覆盖了 9 个子行业，电视或广播电台因 91 个企业入选而位居第一；图书行业有 78 个品牌入选位居第二；报纸共有 74 个企业入榜位居第三。影视文娱或节目、综合媒体、媒体公关传播、有线宽频或卫星、互联网新媒体、期刊的入选媒体分别为 54、48、44、42、42、27 家。从平均营业收入来看，互联网新媒体、有线宽频或卫星、综合媒体的平均营业收入排前三，分别为 99.33 亿美元、66.14 亿美元和 52.96 亿美元。报纸是最弱势的媒体，平均营业收入只有 7.25 亿美元，在所有行业中倒数第一。从传统媒体行业来看，印刷媒体继续下滑，大量报刊停止纸质印刷。近几年，互联网新媒体行业不断发展壮大，从营利方面看，已经成为媒体行业的领头羊。新媒体对传统媒体产生了巨大的冲突，但并未取代传统媒体，二者共生共荣。

一、新媒体发展冲击传统媒体的发行量、收听收视率

(一)纸媒发行量情况

2020年8月28日，清华大学新闻与传播学院、央视市场研究股份有限公司(CTR)、中国广视索福瑞媒介研究有限责任公司(CSM)、社会科学文献出版社、中国新闻史学会传媒经济与管理研究委员会共同发布了《传媒蓝皮书：中国传媒产业发展报告(2020)》。报告显示，在全球范围内，传统报业持续受到新媒体的挤压，收入不断萎缩。以《纽约时报》、汤森路透为代表的传统媒体，在数字化转型、人工智能应用方面也有诸多努力。截至2019年12月31日，《纽约时报》2019年的数字营收达到8.01亿美元，数字广告收入占总数字收入的33%，是2019年广告总收入的49%，为报业的数字化转型发展树立了标杆。新兴市场中以印度为代表的发展中国家报业仍然兴盛繁荣。

国家新闻出版署2020年10月发布的《2019年全国新闻出版业基本情况》数据显示，2019年，出版图书105.97亿册(张)，增长5.87%，占全部数量的23.51%；期刊21.89亿册，降低4.48%，占4.86%；报纸317.59亿份，降低5.83%，占70.47%。据澎湃财经不完全统计，2019年有20余家纸媒宣布停刊，2020年1月1日至少有17家报纸宣布休刊。

2021年伊始，据不完全统计，已有7家纸媒宣布停刊或休刊。贵州《遵义晚报》称，为了响应中央关于媒体深度融合发展的号召，决定停止发行其纸质版；安徽《铜都晨刊》停刊，《皖北晨报》在2020年12月31日头版刊发休刊词；湖南《益阳城市报》正式停刊；四川《广元晚报》《内江晚报》《德阳晚报》三家报刊也宣布休刊。另外，《都市消费晨报》和《东莞时报》宣布调整出版周期，《东莞时报》更名为《东莞时报·莞邑少年》。整体来看，党报和时政类报纸印刷总量继续保持稳定，都市类报纸仍在减量。

(二)广电收听收视率情况

2020年2月，中国广视索福瑞媒介研究(CSM)开展了用户媒介消费及使用预期调查报告显示，用户的媒介接触普遍走高，微信、电视揽获更多时间增长，近8成用户关注传统媒体在网络端的信息。

在获取真实可信的信息上，传统媒体网站/客户端成为用户的首选，其次是电视、商业新闻网站/客户端。信息强化了传统媒体、传统媒体网站/客户端的公信力。

除此之外，报告还显示，2020年间，新闻直播节目、特别报道、综艺娱乐、影视

剧等大量优质电视节目涌现，为用户提供“精神食粮”。

二、新媒体经营收入变化

广告，即商品经营者或者服务提供者通过一定媒介和形式直接或者间接地介绍自己所推销的商品或者服务的商业广告活动。我国广告行业涵盖印刷媒体广告、广播广告、户外广告及互联网广告等各类广告渠道。近年来，我国经济快速发展，大大推动广告市场发展。

（一）中国传统媒体广告收入呈下降趋势

传统广告市场整体呈收紧态势，互联网广告仍保持增长。传统广告媒介主要包括报纸媒体、杂志、广播、电视、户外媒体和售点等。根据CTR媒介智讯的数据显示，2020年1月，报纸、杂志、广播等较为传统的广告媒介刊例下降幅度较大，报纸、杂志等纸媒下降了30%以上，广播媒介下降了19.5%。电视、传统户外同样下降了4.9%和9%；整体而言，传统媒体广告刊例花费呈下降趋势传统户外广告刊例花费同比下滑23.7%。生活服务类软件的电梯LCD和电梯海报的刊例花费有上涨趋势。

（二）新媒体广告收入高速增长

在eMarketer今年发布的报告中，国内数字媒介的广告投入已经达到753.3亿美元，占据全球数字广告预算的22.6%（全球3328.4亿美元）和国内广告总预算的71.6%，超过欧洲（英国最高，66.4%）和美国（54.2%），成为全球广告中数字化比率最高的国家。

CTR媒介智讯发布的《户外广告观察2020年11月刊》中显示，2020年11月，电梯LCD广告花费增幅高达35.8%，电梯海报花费增幅达50%；IT服务、化妆品、金融业等头部品牌，如京东金融、丸美，均以电梯广告投放为主。与传统媒体广告增长乏力甚至出现负增长形成鲜明对比的是，新技术造就的媒体“新贵”们正经历着爆炸式的增长。IT产品及服务为2020年上半年广告花费同比增长最为迅速的行业。《中国移动互联网2020年度大报告（上篇）》显示，2020年中国互联网广告市场规模5292.1亿元，较上一年增长5.4%。不过互联网广告市场两极分化，链接交易或具社交属性的电商、短视频及社交广告增幅明显，抢夺了其他媒介市场份额。

根据报告，2020年中国互联网广告市场由电商类广告、社交广告、综合视频广告、短视频广告、资讯平台广告、搜索引擎广告和其他广告组成。2020年电商类广告市场占比47.2%，较上一年增长6.5个百分点；社交广告市场占比13.4%，较上一年增长 1.6 个百分点；短视频广告市场占比 13.5%，较上一年增长 5.3 个百分点。此外，综合视频广告、资讯平台广告、搜索引擎广告、其他广告的市场占比均低于去年，分别下滑 2、6.6、3.8、1 个百分点。

《2020 年中国广告市场及广告主营销趋势报告》介绍了 2020 年广告主营销趋势：①广告主整体投放动力不足。计划减少投入的广告主占比首次超过了计划增加预算的广告主比例。出于谨慎的目的，很多中等体量的广告主，把投放目标集中在了一线城市。而超大规模的广告主，则会把费用向县域市场转移。②效果类广告备受青睐。71%的广告主预计在转化类营销提升花费。他们选择转化类平台时，更加注重效率和规模。分别有 73%和 69%的广告表示会增加分配给直播和短视频的预算。日用品、家用电器、交通类的广告主对短视频和直播的需求量更高。相比较而言，分配给信息流广告的预算同比有所下降。③直播、短视频火爆之后，企业越来越注重品牌力。直播带货带来下沉用户、体验提升、粉丝效应、私域流量优势等。但同时广告主也敏锐地认识到，在直播和短视频快速增长的过程里，企业开始越来越注重品牌力。④在曝光类广告中，户外媒体、电视媒体和智能大屏更被看重。广告主对商务楼宇电梯广告的投放预算增长比例超过 30%。同时，广告主依然看中电视的权威性和正向价值，这是目前互联网平台难以带来的价值。随着 5G 时代的来临，以电视为代表的家庭大屏未来将呈现不一样的前景。作为电视价值体现的集中代表，在电视媒体中，广告主的投放选择更多地集中在中央电视台，调查数据显示广告主对于中央电视台的投放需求仍然在上升。

另外，家庭场景的价值也受到广告主的关注，OTT 广告投放占比提升，2019 年选择 OTT 投放的广告主比例达到 41%，远高于 2015 年的 13%。意味着随着智能大屏的成熟，智能投放会带给广告主更多的广告创意、广告形式，以及更多可能的传播机会。

三、新媒体发展改变了用户结构和阅读习惯

新媒体的迅猛发展改变了人们的生活方式和阅读习惯，人们获取信息的渠道不再限于传统媒体，传统媒体的用户群体正在发生悄然变化。

2021 年 2 月，CNNIC 发布的第 47 次《中国互联网络发展状况统计报告》显示：截至 2020 年 12 月，中国网民规模达 9.89 亿人，互联网普及率达到 70.4%，手机网民规模为 9.86 亿人，网民中使用手机上网的比例为 99.7%。从年龄结构看，20～29 岁、30～39 岁、40～49 岁网民占比分别为 17.8%、20.5%和 18.8%，高于其他年龄段群体；50 岁及以上网民群体占比由 2020 年 3 月的 16.9%提升至 26.3%，互联网进一步向中老年群体渗透。截至 2020 年 3 月，中国网民的人均每周上网时

长为 30.8 小时。传统媒体市场中，尤其是二、三线媒体的竞争能力持续下降。移动互联网塑造了全新的社会生活形态，互联网对整体社会的影响已经进入新阶段。

传统广告营销业务受到影响，出现了年度利润的首次亏损。事实上，传统媒体广告在 2019 年承压较重，需求逐步向具有更高转化率和更佳投放效果的互动型新媒体转化。以短视频消费为特征的新媒体使用习惯强迫传统媒体必须实现转型，转变为更具时代感的新兴媒体形态。

到 2030 年，互联网将在世界每一个角落触手可及，不过网页的初级内容将经过删减后才会送达用户眼前，也就是说，对网络信息提供者将会有更加严格的限制。未来的网络活动将日益增加，用户拥有可与别人分享的个人网上空间这一趋势也将日益明显。随着信息的海量增加，人们对消遣娱乐的要求也日益提高。到 2030 年，少数几家大型互联网集团将一统传媒天下。

2021 年 1 月 12 日，在“深耕场景数智运营”2021 年度出版人盛会上，当当网基于自身大数据及 2020 年度社会事件和热点洞察，对行业发展趋势进行解读，并发布了《2020 阅读趋势报告》及《2020 年度十大阅读事件》。

当当网指出，2020 年图书行业整体上呈现三大趋势：三四线城市爆发出购买潜力，未来图书市场发展潜力巨大；就品类观察来看，童书、教辅仍是纸质书的刚需品类，占比高、增速快；阅读市场呈现专业化发展态势，分级阅读成为大势所趋。而在碎片化阅读时代，纸质书用户深度阅读趋势较为明显，2020 年顾客高增长品类呈现“专业化、生活化”特征，经济越发达的地区，深度阅读用户则占比更高，这些情况都为未来纸质书的发展创造了机会。

2020 年 4 月 20 日，中国新闻出版研究院在线发布了第十七次全国国民阅读调查结果，结果显示 2019 年我国数字化阅读方式（网络在线阅读、手机阅读、电子阅读器阅读、Pad 阅读等）的接触率为 79.3%，较 2018 年的 76.2%上升了 3.1%。而 2009 年，我们首次将数字化阅读纳入调查范围时，只有 24.6%的人有数字化阅读行为。数字化阅读是阅读领域的一个亮点，“其中，手机阅读的读者比例上升明显”“微信阅读接触群体人均每天微信阅读时长为 44.24 分钟”。

但是 2019 年我国成年国民人均纸质书、报刊和电子书阅读量均有所下降，纸质书、报刊的阅读时长均有所减少。

搜索式阅读、标题式阅读、跳跃式阅读成为网络阅读和手机阅读的主要形式。搜索引擎技术用“关键词”进行思考和检索，事物的整体结构被打破，细节先于整体出现，形成了“碎片化”的信息。此外，读者的阅读需求已不仅仅包括获取信息、知识、接受教育，同时要求提供休闲和娱乐，而互联网和手机媒体等新媒体的普及也在促进多元化阅读方式的形成。

阅读介质从以往的纸质书为主转变到电子书与纸质书并存。电脑和网络成为人们阅读世界的"接线口"，网络阅读走入我们的生活，成为一种新的阅读方式。网上读小说、网上看新闻、网上跟踪畅销书的报道，已是许多人每日的阅读。

碎片化阅读成为一种全新的阅读方式和生活方式。它符合大众流行文化与消费文化的基本特质，符合现代社会人们追求休闲与娱乐的需求。快餐化的生存方式、复制型的生产方式和即兴式的思维方式，直接导致了碎片化阅读的诞生。碎片化阅读的出现实际上是现在阅读载体正在发生变化的一种标志，这对报纸的影响显而易见，它必然分流人们对报纸的注意力。不过，浅阅读带来压力也带来机遇。阅读需求的多元化，为以内容产业为核心的报业开拓了广阔的空间。阅读习惯的视听化和互动化，给报业的内容创新提供了新的手段和平台。阅读新趋势为报业的发展提供了广阔的天地，实现传统与现代的融合至关重要，这包括生产适合手机、网络、计算机、手持阅读器等不同媒介形态的出版物，开展数字报业务，与搜索引擎商进行合作等。任何时代的媒体传播都没有今天新媒体的传播力量这样强大，无论是从产业发展的角度还是从文化传播的角度，这都将成为报业未来发展的广阔市场和新的产业增长点。

互联网读书平台异军突起，呈现出前所未有的繁荣状况。

1. 网易云阅读

网易云阅读是国内移动应用中最大在线书库 APP，阅读器覆盖 iOS、android、windows 等主流平台，完美适配六大终端，致力于为用户提供优秀且富有乐趣的阅读作品。网易云阅读被用户誉为手机必备阅读 APP 。

网易云阅读秉承精品化的电子书运营策略，为用户提供大量经典作品。另外，紧追时下热点，第一时间推出热门影视作品的同名原著，并承接了众多新书的独家首发，开创了"电纸同步首发"的先河。如今，网易云阅读已经成为媒体人眼中的新书首发基地和热剧原著基地。网易云阅读坚持打造全平台、发展全内容的路线，是业界首先提出"开放平台"概念的移动阅读产品，致力于为用户和内容提供者提供良好的互动生态，目前网易云阅读开放平台对内容提供机构、原创作者、自媒体人免费开放所有用户。

2. 有书

有书成立于 2014 年 ，旗下拥有有书 APP、有师、有书空间、有书新媒体矩阵四大业务模块。有书已经汇聚 6000 万粉丝用户，迅速发展成为终身教育领创者。有书在业内创立共读＋模式，以用户即会员的终身教育深化服务体系，整合不同领域、不同年龄段的知识服务及新教育产品，帮助有终身成长意愿的人群持续、系统、高效地获取所需知识，提升思维认知，改善生活现状，从而获得更好的人生发展。

3. 樊登读书

南通猜猜看文化传媒有限公司通过樊登读书 APP、樊登读书公众号、订阅号等多种移动互联网工具，致力于帮助没有时间读书、不知道读哪些书和读书效率低的人群每年吸收 50 本书的精华内容，为会员展示了丰富的线上精华解读，致力于为会员构建以书会友的线下阅读社区，通过形式多样的书友沙龙活动丰富会员的日常生活，为会员打造全新的生活方式，帮助中国 3 亿人养成了阅读习惯。截止到 2020 年 10 月，樊登读书用户数突破 4000 万。

4. 微信读书——让阅读不再孤独

微信读书是基于微信关系链的官方阅读应用，同时支持 iOS 和 Android 两大终端平台。在提供极致阅读体验的同时，为用户推荐合适的书籍，并可查看微信好友的读书动态、与好友讨论正在阅读的书籍等。

5. QQ 阅读

QQ 阅读是阅文集团旗下手机阅读 APP，拥有旗下各平台海量资源，1000 万部作品储备，作者多达 400 万人。QQ 阅读以让年轻人享受阅读带来的乐趣为愿景，定位于海量原著，想读就读的移动阅读 APP。产品支撑：打造全阅读内容入口，拥有海量热门影视原著，如《琅琊榜》《云中歌》《鬼吹灯》《斗破苍穹》《择天记》《盗墓笔记》等。

四、传统媒体与新媒体共生共荣

(一)生态意味着共生共存

1967 年，加拿大学者麦克卢汉在与人合著的《媒介即讯息——效果一览》(*The Median the Massage—An Inventory of Effects*)中，提出媒介生态的概念，以环境作为特定的比喻，来帮助我们理解传播技术和媒介对文化在深度与广度方面所起的生态式的影响。一年后，美国学者波兹曼在其演讲中进一步阐述了媒介生态，并将媒介生态学定义为“媒介作为环境的研究”，自那以后，媒介生态作为新闻传播学的一个重要研究领域，受到人们的高度重视。

无论是波兹曼还是麦克卢汉，他们的关注点是技术，尤其是媒介技术发展对人类文化的影响和塑造，并由此阐发了以技术为核心的媒介环境如何改变人类的思考方式和组织社会生活方式。技术、媒介与社会成为媒介生态研究中三个重要的元素。

在麦克卢汉提出的媒介生态概念中，生态意味着让不同的媒介能够共生共存，而不是彼此消亡。他认为，一种文化需要限制某种单一媒介的使用，从而促进媒介生态的平衡。在《理解媒介》(1964 年)一书中,他认为,媒介能够深入人的潜意识,并且在不被察觉和反抗的情况下,改变他们的感知平衡。事实上,媒介生态系统中的能量流动处于“平衡—失衡—平衡”的状态。

1879 年,德国生物学家德贝里提出了共生的概念。他认为,共生是指不同种属在一定时期内按照某种物质联系而生活在一起。共生概念被运用于传播领域,表明传统报业与新媒体形成一个共生系统。在共生系统中,各共生单元积极合作,报业集团生产的信息,通过报纸,也通过网络、手机等新渠道发布,实现向数字报业的战略转型。传统报业只要实现了发展模式上的转变,就可以与互联网、手机等新媒体实现共生。

(二)媒介的发展是融合而不是取代

美国北卡莱罗纳州立大学菲利普·迈耶出版了专著《正在消失的报纸——在信息时代拯救记者》,在该书的中译本封面上,赫然印着他对报纸消亡的预测:“2043 年春季的某一天,美国一位读者把最后一张报纸扔进了垃圾桶,从此,报纸就消失了。”但著名的未来学家奈斯比特创办城市研究公司时,通过大量的报纸来建立最初的数据库,今日他仍保持着每天阅读数份报纸的习惯。“虽然今天网络上充斥着海量信息,但是这些信息大多数并不是新闻事件本身,而是关于所发生的事件的评论和观点,因此,网络的出现并不能替代报纸。”

事实的确如此。广播没有消灭报纸,电视没有消灭广播和报纸,网络也不可能消灭原有的媒介形态。“互联网平台的包容力很强,不是谁消灭谁,不是简单地由新兴的代替旧有的,而是各种媒体形式相互包容、彼此共存在人类的传媒生活圈中,各有各的空间。”报纸与网络、手机等新兴媒体结合,可以实现“1+1=3”的效果。媒体的融合不是简单地消灭现有的各种媒体,而是在继承每一种媒体优势的基础上,去创造能更好地符合信息传播规律、更有生命力的新媒体。在媒体融合的趋势下,新闻传播的整个格局也将得以重塑。

从欧美国家大型传媒集团的发展历史看,大多是在从报纸到电台、从电台到电视、从电视到网络等新媒体的发展进程中迅速融合,抢占网络制高点,催生出占据主流市场的新媒体,实现传统媒体与网络媒体的大融合。

调查数据也显示,报纸和网络的结合对各自的发展都有利。美国皮尤中心在 2006 年展开的一次调查中发现,阅读纸版报纸的人数占 38%,但将网络版计算在内,人数就上升到 43%。其中,4%的人既读纸版报纸也读网络版。从经济收益方面,2007 年第一季度,美国报纸的互联网广告营收同比增长 22.3%;2006 年,美国报纸的互联网广告营收同比增长 31.5%。

中马清福是日本知名的报业人，曾担任朝日新闻社总编兼常务副社长，主要分管《朝日新闻》的编辑工作，现任朝日亚洲新闻联合会会长。2005 年 7 月，清华大学出版社出版了他的专著《报业的活路》的中译本，当时正值中国报业的一个转折点，许多人发出了报业的寒冬论甚至消亡论。在《报业的活路》中，中马清福说：“报纸其实并不是那么脆弱的东西。人们总是不经意地忘记‘网络’不过只是工具这一点。如果没有人把信息输入进去的话，网络只不过是一个箱子而已。”如果将中马清福的这话进行延伸，可以得出两点结论：一是网络作为工具，报业同样可以使用；二是在与网站等新媒体的竞争中，报业的核心竞争力在于内容生产。新媒体需要传统媒体的内容支撑，传统媒体需要新媒体作为平台和载体。

有学者指出，网络不可能取代报纸，如果说网络对报纸造成很大的冲击，其根本原因在于报业在媒介融合上步伐滞后，没有适应数字技术催生出来的新的商业模式。默多克在分析报纸经营全球性衰退的原因时，认为自己新闻集团旗下的 175 家报纸，在该如何适应互联网的问题上犯有“不求上进”的错误。

（三）传统媒体的独特优势

1. 原创力和权威性

比起新媒体，报纸等传统媒体有自己独特的优势。概括起来，传统媒体优势在于内容生产能力、品牌价值和可信度。具体来说：① 报纸的深度是其他媒体不能相比的，这也是文字对于图像的优势；② 报业、广电新闻原创能力很强，网络媒体的新闻内容基本上是由报纸、广电提供的，传统媒体是新媒体主要的内容提供者；③ 报业在所有的媒体形式中，最早最广泛地建立了采访网络，与社会有着广泛的联系；④ 中国媒体的主体是报业集团和广电集团，报业集团基本上是党报集团，具有天然的政治优势，相对于互联网等新媒体，具有权威性和公信力。

传统媒体在信息上的条理性和选择性、内容的权威性和公信力、信息的原创性等方面的优势是新媒体难以复制的。在中马清福看来，报纸的品质是它最大的优势，无论什么时代，报纸的生命就是独家新闻。今后，报纸的品质将会比以往接受更严格的考验。他强调，“现场主义”无论在哪个时代都是采访的基础。在报纸、广播、电视、互联网甚至正在发展的移动通信媒体中，没有哪一种媒体形式会像报纸记者那么专注投入地采访，认真甄别信息，恰当地选择表达形式，慎重地形成自己的报道。从中央大报到省报、市报，都在下级行政区建有自己的记者站，这在所有的媒体形式中是独一无二的。

传播媒介只是信息的载体或工具，信息本身才是传播活动的主体和灵魂。与互联网站相比，报社具有训练有素的庞大的采编队伍，具有长期积累起来的品牌和用户的信任度，传播的新闻信息具有准确性和权威性，每日生产出大量的原创信息。而互联网站基本上没有自己的新闻采写队伍，甚至没有新闻发布权，严重依赖报纸等传统媒体的新闻内容，在内容上靠对报纸等其他信息进行“拿来主义”的汇总或整合。

2.劣势有时也是优势

与网络相比，报纸、广电的时效性较差，它的出版和播出有时是一种限制，但同时也是一种优势，是一种保证。正是这样的投入、专注和慎重，传统媒体奠定了自己的生存基础。无怪乎在强调独家新闻和“现场主义”时，中马清福说“无论什么时代，传统报业的及时性和时效性劣势不是绝对的，可以用报纸的仿真版、电子版不断更新来弥补。报纸呈现信息主要通过文字、图片等方式，显得比较平面化、单一化，缺乏层次。为此，近来一些报纸在追求作为内容提供商角色的同时，大多采用一种内容多种出口的方式进行内容经营。对于互动性的劣势，报纸本身通过编读可以实现一部分的互动可能性。”

在容量上，报纸也不如网络。不过，任何事物都有两面性。网络媒体在信息量上对报纸构成挑战的同时，给报纸新的发展提供了契机，这要求报纸要适应网络时代人们读报的需求。而网络时代是一个信息量极度膨胀的时代，报纸恰恰是一个有限的载体，有其局限性，但也可以是其优势，要在海量的信息里筛选出最有价值的东西登在报纸上，选择标准和价值观如果与读者的价值观契合的话，这种选择是很容易赢得读者的认同的，而且这种选择本身还包含我们很多观点，这其实也是优势。由此看来，海量信息有时并不是一种优势。我们处于信息爆炸时代，在信息的汪洋大海中，需要有媒体对这些信息进行选择和加工，这正是纸媒体报业的优势。

除此之外，报纸还有许多其他优势。比如报纸具有独特的版面语言，作为一个平面，具有绘画一样的审美元素。报纸轻便，便于携带。报纸还比较方便阅读，阅读时的选择性强等。

附录　互联网管理的相关法律法规

序号	文件名称	发布单位	实施时间
1	中华人民共和国民法典	全国人大常委会	2021 年 1 月 1 日
2	网络直播营销行为规范	中国广告协会	2020 年 6 月 24 日
3	网络信息内容生态治理规定	国家互联网信息办公室	2020 年 3 月 1 日
4	具有舆论属性或社会动员能力的互联网信息服务安全评估规定	网信办、公安部	2018 年 11 月 30 日
5	公安机关互联网安全监督检查规定	公安部	2018 年 11 月 1 日
6	中华人民共和国反恐怖主义法(2018 修正)	全国人大常委会	2018 年 4 月 27 日
7	微博客信息服务管理规定	网信办	2018 年 3 月 20 日
8	互联网文化管理暂行规定(2017 修订)	文化和旅游部	2017 年 12 月 15 日
9	互联网新闻信息服务新技术新应用安全评估管理规定	网信办	2017 年 12 月 1 日
10	互联网新闻信息服务单位内容管理从业人员管理办法	网信办	2017 年 12 月 1 日
11	互联网药品信息服务管理办法(2017 修正)	国家市场监督管理总局	2017 年 11 月 17 日
12	互联网群组信息服务管理规定	网信办	2017 年 10 月 8 日
13	互联网用户公众账号信息服务管理规定	网信办	2017 年 10 月 8 日
14	互联网论坛社区服务管理规定	网信办	2017 年 10 月 1 日
15	互联网跟帖评论服务管理规定	网信办	2017 年 10 月 1 日
16	中华人民共和国网络安全法	全国人大常委会	2017 年 6 月 1 日

续表

序号	文件名称	发布单位	实施时间
17	互联网新闻信息服务许可管理实施细则	网信办	2017 年 6 月 1 日
18	互联网信息内容管理行政执法程序规定	网信办	2017 年 6 月 1 日
19	互联网新闻信息服务管理规定	网信办	2017 年 6 月 1 日
20	互联网直播服务管理规定	网信办	2016 年 12 月 1 日
21	互联网信息搜索服务管理规定	网信办	2016 年 8 月 1 日
22	移动互联网应用程序信息服务管理规定	网信办	2016 年 8 月 1 日
23	互联网上网服务营业场所管理条例(2016 修订)	国务院	2016 年 2 月 6 日
24	互联网等信息网络传播视听节目管理办法(2015 修订)	国家广播电视总局	2015 年 8 月 28 日
25	互联网视听节目服务管理规定(2015 修订)	国家总局	2015 年 8 月 28 日
26	中华人民共和国国家安全法	全国人大常委会	2015 年 7 月 1 日
27	互联网新闻信息服务单位约谈工作规定	网信办	2015 年 6 月 1 日
28	互联网用户账号名称管理规定	网信办	2015 年 3 月 1 日
29	互联网危险物品信息发布管理规定	公安部、国家互联网信息办公室、工业和信息化部、生态环境部、国家市场监督管理总局、应急管理部	2015 年 3 月 1 日
30	即时通信工具公众信息服务发展管理暂行规定	网信办	2014 年 8 月 7 日
31	最高人民法院关于审理利用信息网络侵害人身权益民事纠纷案件适用法律若干问题的规定	最高人民法院	2014 年 10 月 10 日
32	最高人民法院、最高人民检察院关于办理利用信息网络实施诽谤等刑事案件适用法律若干问题的解释	最高人民法院、最高人民检察院	2013 年 9 月 10 日

续表

序号	文件名称	发布单位	实施时间
33	电信和互联网用户个人信息保护规定	工信部	2013 年 9 月 1 日
34	信息网络传播权保护条例(2013 修订)	国务院	2013 年 3 月 1 日
35	最高人民法院关于审理侵害信息网络传播权民事纠纷案件适用法律若干问题的规定	最高人民法院	2013 年 1 月 1 日
36	全国人民代表大会常务委员关于加强网络信息保护的决定	全国人大常委会	2012 年 12 月 28 日

参考文献

[1]保罗·莱文森.新新媒介[M].何道宽,译.上海:复旦大学出版社,2011.

[2]张涵等.当代传播美学[M].北京:中国书籍出版社,2010.

[3]严三九.新媒体概论[M].北京:化学工业出版社,2014.

[4]石磊.新媒体概论[M].北京:中国传媒大学出版社,2012.

[5]匡文波.新媒体概论[M].北京:中国人民大学出版社,2020.

[6]彭兰.网络传播概论[M].北京:中国人民大学出版社,2017.

[7]彭兰.社会化媒体[M].北京:中国人民大学出版社,2019.

[8]程栋.智能时代新媒体概论[M].北京:清华大学出版社,2019.

[9]乔付军,王虹垒.新媒体概论[M].北京:人民邮电出版社,2020.

[10]樊荣.H5 交互融媒体作品创作[M].北京:中国人民大学出版社,2020.

[11]托马斯·达文波特,约翰·贝克.注意力经济[M].谢波峰等,译.北京:中信出版社,2004.

[12]卡尔·雅斯贝斯.时代的精神状况[M].王德峰,译.上海:上海译文出版社,1997:40.

[13]弗雷德里克·杰姆逊.后现代主义与文化理论[M].唐小兵,译.西安:陕西师范大学出版社,1987.

[14]马尔库塞.单向度的人[M].上海:上海译文出版社,1989.

[15]海德格尔.人,诗意地栖居[M].桂林:广西师范大学出版社,2000.

[16]昆德拉.小说的艺术[M].唐晓渡,译.北京:作家出版社,1992.

[17]欧阳友权.网络传播与社会文化[M].北京:高等教育出版社,2005.

[18]张岱年.中国文化发展的道路.张岱年全集(第 7 卷)[M].石家庄:河北人民出版社,1996.

[19]郑杭生.社会学概论新修[M].北京:中国人民大学出版社,1999.

[20]费斯克.理解大众文化[M].北京:中央编译出版社,2001.

[21]詹金斯.大众文化:粉丝盗猎者游牧民德塞都的大众文化审美[J].湖北大学学

报,2008,(4).
[22]风中玫瑰.风中玫瑰[M].北京:人民文学出版社,2001.
[23]赖敏.文化产业境域的网络文学研究[M].北京:科学出版社,2017.
[24]欧阳友权.网络文学概论[M].北京:北京大学出版社,2018.
[25]范周主.网络文学批评[M].北京:知识产权出版社,2018.
[26]梅红.网络文学[M].成都:西南交通大学出版社,2016.
[27]比尔·毕晓普.数字时代的战略营销[M].刘大鹏,译.北京:机械工业出版社,2000.
[28]马歇尔·麦克卢汉.人的延伸:媒介通论[M].成都:四川人民出版社,1992.
[29]徐耀魁.西方新闻理论评析[M].北京:新华出版社,1998.
[30]尼古拉斯·尼葛洛庞帝.数字化生存[M].胡泳,范海燕,译.海口:海南出版社,1996.
[31]郭庆光.传播学教程[M].北京:中国人民大学出版社,1999.
[32]约翰·杜海姆·彼得斯.奇云:媒介即存有 [M].上海:复旦大学出版社,2020.
[33]菲利普·迈耶.正在消失的报纸:在信息时代拯救记者[M].张卫平,译.北京:新华出版社,2007.
[34]中马清福.报业的活路[M].崔保国,艾勤径,高扬,译.北京:清华大学出版产权社,2005.
[35]尼尔·波兹曼.娱乐至死[M].桂林:广西师范大学出版社,2004.
[36]威尔伯·施拉姆,维廉·波特.传播学概论[M].北京:新华出版社,1984.
[37]黄升民.中国广电集体化研究[M].北京:中国物价出版社,2001.
[38]魏薇.激活网游产业的文化属性[J].人民日报,2020,(5).
[39]刘雨.MOBA 网络游戏的盈利模式及发展趋势研究[J].艺术科技,2019,(12):12—13.
[40]张庆胜.关于网络参政及其弊端的思考[J].青年记者,2010(8):56—57.
[41]程曼丽.从历史角度看新媒体对传统社会的解构[J].现代传播,2007(4):6.
[42]唐大麟,王文宏.浅谈新媒体文化的建构[J].新闻知识,2010(9):40—42.
[43]陈丹丹,刘起林.草根文化诉求的价值两面性及其民粹主义根基[J].理论与创作,2007(5):40—43.
[44]燕道成,冯馨叶.利用新媒体平台增强文化自信[J].中国社会科学报,2018.
[45]蒙星宇.网事如烟:北美华文网络文学 20 年[J].华文文学,2009(3):20—21.
[46]罗向京,刘睿."十三五"时期出版业繁荣发展政策与法治保障综述[J].科技与

出版,2020(09):19—20.
[47]胡国良,黄美初."5G+AI"视域下智慧学习空间的构建研究:基于开放大学的实践探索[J],远程教育杂志,2020.
[48]王飞,陈艳.新媒体背景下地方高校土木工程教学改革探索[J],当代教育实践与教学研究,2019.
[49]袁磊,张艳丽,罗刚.5G时代的教育场景要素变革与应对之策[J],远程教育杂,2019.
[50]田浩.地方高校在线开放课程建设研究与实践[J],湖北经济学院学报(人文社会科学版),2020.
[51]晋欣泉,田雪松,杨现民等.大数据支持下的智慧课堂构建与课例分析[J].现代教育技术,2018.
[52]程会通。再谈"泛娱乐化"传播现象之成因[J].视听,2019.6.
[53]李蕉.博客:收复公共失地[J].学术界,2007(3):251—257.
[54]钟恩洪.浅谈"公民新闻"的发展[J].新闻窗,2007(3):60.
[55]陈力丹.90年代西方新闻理论讨论了哪些话题[J].国际新闻界,2000(1):30—32,48.
[56]支振锋.网络空间命运共同体的全球共识与中国智慧[J].光明日报,2019(10).
[57]常秀娇.网络侵犯知识产权犯罪对刑事司法提出挑战[J].检察日报,2020(6).
[58]曹钺.新媒体语境下的网络暴力初探[J].新闻传播学研,2016(4).
[59]崔恒宇.卖不掉的千亿库存尾货,靠唯品会这些电商来救[J].电商在线,2020(7).
[60]史娜.从哈贝马斯的公共领域思想看网络论坛在公共话语构建中的作用[J].新闻传播,2008(4).
[61]展江.警惕传媒的双重"封建化"[J].青年记者,2005(3):7—9.
[62]方兴东,胡泳.媒体变革的经济学与社会学:论博客与新媒体的逻辑[J].现代传播,2003(6):80—85.
[63]斯蒂芬·贝克.当我们变成一堆数字[M].张新华,译.北京:中信出版社,2009.
[64]莫兰·亨特.搜索引擎营销:网站流量大提速[M].祝贺,译.北京:电子工业出版社,2002.
[65]温伯格.正在爆发的营销革命:社会化网络营销指南[M].赵俐,等译.北京:机械工业出版社,2010.

[66]王翠荣.另类网络娱乐文化现象形成的原因探析[J].新闻传播,2008(10):61—62.
[67]张文俊.数字新媒体概论[M].上海:复旦大学出版社,2011.
[68]杨继红.谁是新媒体[M].北京:清华大学出版社,2008.
[69]蒋宏,徐剑.新媒体导论[M].上海:上海交通大学出版社,2006.
[70]闵大洪.数字传媒概要[M].上海:复旦大学出版社,2006.
[71]宫承波.新媒体概论[M].北京:中国广播电视出版社,2007.
[72]田智辉.新媒体传播:基于用户制作内容的研究[M].北京:中国传媒大学出版社,2008.
[73]张国良.全球化背景下的新媒体传播[M].上海:上海人民出版社,2008.
[74]陆小华.新媒体观:信息化生存时代的思维方式[M].北京:清华大学出版社,2008.
[75]黄升民,周艳,王薇等.中国数字新媒体发展战略研究[M].北京:中国广播电视出版社,2008.
[76]吴信训.新媒体与传媒经济[M].上海:上海三联书店 2008.
[77]冯广超.数字新媒体概论[M].北京:中国人民大学出版社,2004.
[78]熊澄宇.新媒体与创新思维[M].北京:清华大学出版社,2001.
[79]王菲.媒介大融合:数字新媒体时代下的媒介融合论[M].广州:南方日报出版社,2007.
[80]崔保国.信息社会的理论与模式[M].北京:高等教育出版社,1999.
[81]殷晓蓉.网络传播文化:历史与未来[M].北京:清华大学出版社,2005.
[82]李维安.网络组织:组织发展新趋势[M].北京:经济科学出版社,2003.
[83]喻国明.变革传媒:解析中国传媒转型问题[M].北京:华夏出版社,2005.
[84]蔡骐.媒介竞争论[M].北京:岳麓书社,2002.
[85]丁和根.传媒竞争力:中国媒体发展核心方略[M].上海:复旦大学出版社,2005.
[86]傅平.传媒变革:中国传媒集团组织转型与重塑[M].上海:上海文化出版社,2005.
[86]李希光.转型中的新闻学[M].广州:南方日报出版社,2005.
[87]陆小华.激活传媒:传媒竞争力发掘与执行策略[M].北京:中信出版社,2004.
[88]郑保卫.论媒介经济与媒介集团化发展[M].北京:中国人民大学出版社,2003.
[89]蒋原伦.媒体文化与消费时代[M].北京:中央编译出版社,2004.

[90]托马斯·鲍德温等.大汇流:整合媒介信息与传播[M].北京:华夏出版社,2000.
[91]拉罗斯·斯特劳巴斯.今日媒介:信息时代的传播媒介[M].北京:清华大学出版社,2005.
[92]约翰·帕夫利克.新媒体技术:文化和商业前景[M].北京:清华大学出版社,2005.
[93]卡尔·夏皮罗,哈尔·瓦里安.信息规则:网络经济的策略指导[M].北京:中国人民大学出版社,2000.
[94]阿尔温·托夫勒.第三次浪潮[M].北京:生活·读书·新知三联书店,1983.
[95]比尔·盖茨.未来之路[M].北京:北京大学出版社,1996.
[96]F.贝尔等.技术帝国[M].北京:生活·读书·新知三联书店,1999.
[97]阿莱斯·艾尔雅维茨.图像时代[M].长春:吉林人民出版社,2003.
[98]威廉·肖克罗斯.媒体巨人:默多克传奇[M].北京:华夏出版社,2001.
[99]道格拉斯·凯尔纳.媒体文化:介于现代与后现代之间的文化研究、认同性与政治[M].北京:商务印书馆,2004.
[100]弗兰克·莫特.消费文化[M].南京:南京大学出版社,2001.
[101]尼克·史蒂文森著.认识媒介文化[M].王文斌,译.北京:商务印书馆,2001.